César Cui

LA
MUSIQUE EN RUSSIE

Elibron Classics
www.elibron.com

Elibron Classics series.

ISBN 1-4212-3748-2 (paperback)
ISBN 1-4212-3747-4 (hardcover)

This Elibron Classics Replica Edition is an unabridged facsimile of the edition published in 1880 by G. Fischbacher, Paris.

LA MUSIQUE EN RUSSIE

LA
MUSIQUE EN RUSSIE

PAR

CÉSAR CUI

PARIS

LIBRAIRIE SANDOZ ET FISCHBACHER

G. FISCHBACHER, ÉDITEUR

33 RUE DE SEINE, 33

—

1880

A

Franz Liszt

LA MUSIQUE EN RUSSIE

I

MUSIQUE VOCALE

1. — CHANSONS POPULAIRES RUSSES

La chanson du peuple, considérée sous le double aspect du texte et de son revêtement musical, offre un puissant intérêt à l'ethnologie. En elle se révèle une des forces créatrices de toute une nation.

Ces chants nationaux ont été créés à différentes époques, en différents lieux, et par conséquent par des auteurs bien divers. Il est évident que, passant par tradition de génération en génération, de siècle en siècle, ils nous sont parvenus sensiblement modifiés. Bien des rhapsodes, les appropriant à leur sentiment personnel ou s'abandonnant à l'inspiration du moment, en ont altéré certains détails, certains contours, les ont modifiés ou amplifiés. Nous voyons souvent des changements apportés au thème primordial d'une chanson, toutes les versions musicales ayant d'ailleurs un texte identique et provenant avec évidence d'une source commune. Et ces nombreuses variations thématiques recèlent, à ne pas s'y méprendre, le caractère le plus marqué d'une origine purement nationale. Mais il est certain que les meilleures seules ont eu le pouvoir de pérégriner jusqu'à nous à travers de longues suites d'années, depuis les époques les plus reculées ; celles-là seulement ont eu assez de caractère, assez de vitalité pour nous parvenir dans toute la splendeur de leur simplicité, tandis que les variantes, empreintes d'un caractère trop individuel, ont disparu avec leurs auteurs.

L'œuvre musicale d'un peuple résume donc les produits réunis de tout un groupe ethnique, dans le temps et dans l'espace, d'une série entière d'êtres heureusement ou puissamment doués. C'est sans doute à cette collaboration universelle qu'on pourrait attribuer la profondeur et le caractère mâle d'un grand nombre des productions de la muse nationale. Et il est à propos de remarquer que toutes ces chansons ne sont que le fruit naturel de l'inspiration libre, l'art proprement dit n'y étant pour rien, et l'indépendance de leurs formes dédaignant toute théorie : c'est encore là, dans bien des cas, une source vive d'originalité, une cause de force et de saveur.

Éveillant déjà un si grand intérêt philosophique, littéraire et ethnographique, les chansons du peuple devaient attirer plus directement encore l'attention du musicien éclairé. Non seulement elles lui fournissent un riche sujet d'étude, mais elles peuvent aussi exercer leur influence salutaire sur son imagination, en raviver les forces, stimuler en lui l'inspiration. Les plus grands compositeurs puisaient à cette source et s'en trouvaient bien. Ces admirables matériaux, traités dans les plus hautes conditions de l'art et mis en œuvre par une intelligence apte à comprendre les divers côtés du génie national, ont été l'occasion et le point de départ de plus d'une œuvre capitale.

Les Slaves ont de tout temps mérité d'être considérés comme particulièrement privilégiés au point de vue musical, leurs chansons étant extrêmement nombreuses, très belles et très variées. Ce n'est pas trop accorder à la Russie que de lui reconnaître la primauté sur ce terrain du chant national. Sa population, s'étendant sur d'immenses territoires, a dû subir dans ses facultés créatrices l'influence des différentes causes atmosphériques et morales. En outre, il faut considérer que la nation russe, grâce à son indépendance politique, n'a rien perdu de son caractère et n'a obéi à aucune impulsion étrangère, comme tant d'autres branches de la souche slave (par exemple, les Polonais, les Tchèques, les Moraves, les Petits-Russiens, etc., etc.). Variété d'un côté, autonomie intellectuelle et liberté d'expansion de l'autre : voilà les deux principales sources de la richesse musicale populaire de la Russie.

L'Europe occidentale n'a aucune idée de ces chansons, ou ne s'en forme qu'une très superficielle et inexacte. Ce qui se chante hors de la Russie comme musique populaire russe n'est le plus souvent qu'une fade et banale composition moderne, due à quelque dilettante et adaptée à un texte quasi national. Ces opuscules insignifiants, antimusicaux, sont généralement répandus en Europe par certains chanteurs italiens, en partie parce que ces romances ne dépassent pas le niveau de leur intelligence musicale, mais surtout pour exprimer en quelque sorte leur gratitude au pays qui les a si bien accueillis pendant la saison de l'opéra. Ces romances pseudo-russes ne se distinguent, à vrai dire, des plus fades platitudes de certains morceaux italiens que par leur coupe inhabile et l'affectation du mode mineur à jet continu, qu'on suppose à tort être le caractère le plus marquant de la musique du peuple russe. C'est là une grosse erreur, car, à côté de chansons nationales empreintes d'un sentiment de profonde tristesse, rien n'est plus commun que d'en trouver d'autres pleines d'entrain et de franche allégresse. Il se pourrait même que celles-ci fussent les plus nombreuses.

Si le mode mineur n'est pas nécessairement inhérent à la chanson russe, en revanche, différents traits d'une originalité absolue lui sont particuliers. Nous en signalerons quelques-uns.

Une des principales conditions dans la structure de la chanson russe est la complète liberté du rythme, poussée jusqu'au caprice. Non seulement les phrases musicales peuvent être composées d'un nombre inégal de mesures, mais encore, dans une même chanson, le rythme des mesures peut changer plusieurs fois. En voici un exemple :

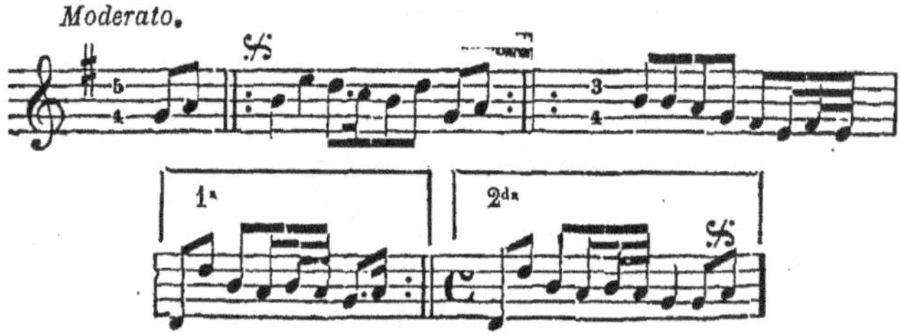

Cette chanson débute par deux mesures à 5/4, suivies de trois mesures à 3/4, et le motif se termine par une mesure à 4/4. — On trouve des mesures à sept temps aussi bien qu'à cinq ; et malgré la hardiesse d'une pareille licence, la phrase musicale ne perd rien de son naturel, car elle s'adapte parfaitement au texte ; tout s'y trouve correctement prononcé et accentué. Le peuple russe a, de tout temps, éprouvé le besoin de subordonner la musique aux exigences prosodiques du texte : indice d'une réelle supériorité d'instincts artistiques. Ces rythmes changeants sont donc *vrais* avant tout, parce qu'ils sont expressifs au plus haut point. De même, ils excluent absolument l'impression de banalité et de monotonie qui résulte parfois de l'emploi prolongé d'un rythme uniforme et trop accusé.

Mais aussi leur variété même fait qu'une oreille peu exercée ne saisit pas d'une façon nette et lucide certaines chansons russes, tant que les phrases musicales n'en sont pas coupées et établies en mesures précises.

Un autre fait remarquable dans l'ensemble de l'œuvre vocal

du peuple russe, c'est que, très souvent, le thème n'est pas construit sur la gamme européenne, notre gamme actuelle, mais sur les anciens modes grecs, origine de la musique ecclésiastique. Le mode *lydien* (la gamme de *fa* sans bémol), et le mode *dorien* (la gamme de *ré* sans dièses), surtout ce dernier, sont les plus usités dans les chants populaires russes.

L'emploi des modes grecs, qui fournit la preuve de l'ancienneté des chants nationaux russes, a encore l'avantage d'en rendre la physionomie plus caractéristique, en communiquant même aux mélodies les plus ordinaires une certaine originalité d'allure et surtout une grande diversité : car on sait que, dans la musique grecque, la place des demi-tons varie avec chaque mode, tandis qu'elle est fixe dans la musique européenne.

Le compositeur en quête d'effets neufs, fatigué de l'uniformité de nos constructions harmoniques et mélodiques, ne pourrait-il pas exploiter cette mine féconde ? Le nouveau n'est-il pas appelé à sortir de l'ancien, dans une certaine mesure, et n'y aurait-il pas, dans ce qu'on appelle décrépitude, le germe d'une florissante jeunesse ? Plus d'une fois déjà, de puissants maîtres ont eu recours aux modes anciens ; bornons-nous à citer Beethoven, qui, dans son quatuor op. 132, a écrit un *adagio* dans le mode lydien, — une des plus admirables productions de l'art musical.

La chanson populaire russe exige impérieusement une harmonisation originale et un art tout particulier de modulation. D'abord, il est très rare de tomber sur une chanson dont la mélodie puisse être traitée en entier dans l'un des deux modes, majeur ou mineur ; le plus souvent, au contraire, même si son étendue n'est que de quelques mesures, elle passe du mineur au majeur relatif et réciproquement. Ces changements, généralement inattendus, sont presque toujours d'un effet saisissant et sympathique.

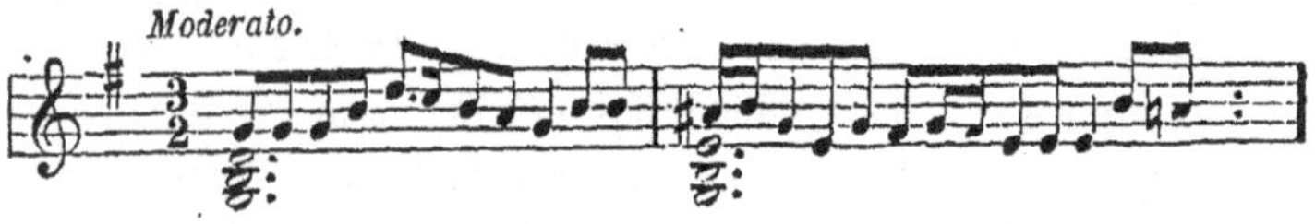

Voici encore un heureux exemple de modulation du majeur au mineur, en descendant d'un ton :

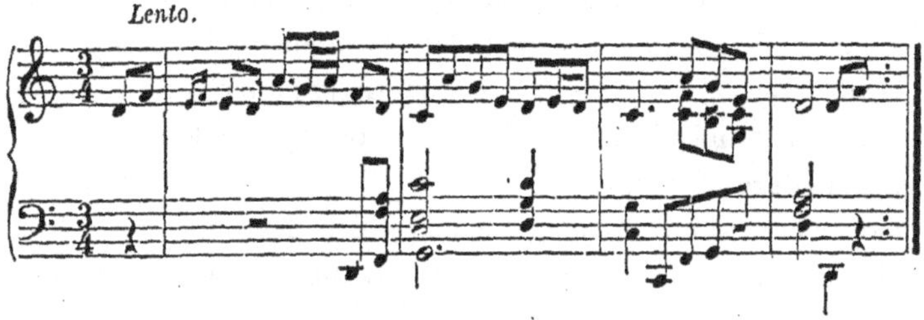

Il arrive aussi que l'harmonie d'un seul accord reste stable pendant le cours de toute une chanson, ce qui lui prête un ensemble de vague tristesse, une teinte de monotonie voulue.

Les chansons populaires russes se tiennent, d'ordinaire, dans un diapason fort restreint, ne dépassant que rarement l'intervalle d'une *quinte* ou d'une *sixte*. Et plus la chanson est ancienne, moindre est l'étendue de son diapason. Le thème est toujours court ; il en est qui se bornent à deux mesures, mais ces mesures se répètent autant de fois que l'exige l'ampleur du texte.

C'est souvent quelque chose de bien étrange que le texte de ces chansons. Tantôt, au cours des couplets, un second sujet vient contraster avec le premier et s'établir à côté de lui ; tantôt de la prose versifiée, d'une facture plus ou moins moderne et triviale, s'introduit dans quelque belle et vieille chanson ; d'autres fois, un texte quelconque s'adapte à plusieurs mélodies vocales, de divers caractères. Ces chansons ont évidemment passé par l'organe d'une foule d'interprètes, et le texte primitif une fois altéré ou perdu, ce texte que nous avons vu si soigneusement prosodié par le premier compositeur, l'air est resté dans la mémoire du peuple, qui n'a plus fait difficulté d'y adapter les premières paroles venues.

Les mélodies populaires se chantent à une voix ou en chœur. Dans ce dernier cas, c'est une voix seule qui commence, et la chanson est reprise en chœur. L'harmonie de ces chants se conserve par tradition; elle est fort originale. Les différentes parties du chœur se resserrent ou s'écartent, se rapprochent jusqu'à l'unisson ou forment un accord; mais souvent ces accords ne sont pas remplis. D'ordinaire, la mélodie polyphone se termine par un unisson.

Les chansons à une voix sont fréquemment accompagnées par un petit instrument à cordes nommé *balalaïka* (espèce de théorbe, à corps triangulaire, dont les cordes sont ou pincées ou mises en vibration par un *glissando*). Quant aux chansons chorales, il est assez rare qu'elles aient un accompagnement; cette partie, quand elle existe, est exécutée par une espèce de hautbois, qui improvise sur le fond de la mélodie une variété de dessins en contre-point, peu conformes, sans doute, aux règles sévères de l'art, mais fort pittoresques.

On peut classer de la manière suivante les chansons populaires russes : *rondes chantées*, chœurs exécutés les jours de fête, et accompagnant certains jeux et certaines danses; *chansons à sujets occasionnels*, dont l'épithalame est le genre le plus cultivé; *chansons des rues*, sérénades en chœur, joviales ou burlesques; *chansons des bourlaks* ou *haleurs de bateaux*; *mélodies* à une voix, de tout genre et de tout caractère.

J'ai déjà dit incidemment quelques mots de la valeur intrinsèque des chansons russes, au point de vue esthétique et artistique; je ne puis me dispenser d'insister sur ce sujet. C'est vraiment quelque chose d'inestimable que leur variété, le sentiment expressif qu'elles renferment, la richesse et l'originalité de leurs thèmes. Il en est qui se distinguent par leur mâle énergie, tantôt d'une fougue sauvage et sans frein, tantôt d'une tranquille et majestueuse dignité. D'autres sont gracieuses et sympathiques, ou bien d'une insouciante gaieté. Beaucoup sont empreintes d'une profonde mélancolie; on y devine la douleur cherchant à s'épancher, la soumission passive aux rigueurs d'une destinée cruelle. Celles-ci chantent dans le beau fixe de l'idéal le plus serein, émanent d'une source toute de poésie, sans troubles, sans nuages : une belle âme, un cœur aimant s'y révèlent; celles-là sont solennelles, magistrales, grandioses, l'inspiration y est d'un jet large et magnifique. Je voudrais pouvoir donner ici de nombreux exemples musicaux à l'appui de mes affirmations, si certains obstacles typographiques ne m'arrêtaient. — Et j'ajouterai, à ce propos, que j'éprouve une certaine crainte que mes lecteurs n'aient trouvé, dans les citations thématiques notées plus haut, quelque chose d'étrange, de choquant pour l'oreille, conséquence de leur éducation musicale exclusivement occidentale. Je n'en suis pas moins certain qu'à la suite d'une étude sérieuse, d'une analyse consciencieuse, ceux qui ne connaissent pas encore la musique nationale russe ne tarderont pas à s'y habituer, d'abord, et bientôt à y trouver de véritables trésors d'art.

A l'heure qu'il est, en Europe, à l'exception de l'Espagne, de la Hongrie, de la Russie, de la Bretagne et de l'Écosse, il serait très surprenant d'entendre une chanson réellement et originairement nationale. Ce que la « civilisation musicale » a de plus pernicieux s'introduit partout actuellement. Le peuple, surtout celui qui habite les villes industrielles ou les visite souvent, au lieu de réhabiliter les créations de son propre génie, préfère fredonner des couplets d'Offenbach, des cavatines de Verdi ou des romances de Kücken. Et, comme si ce n'était pas assez, certains instruments de musique, qu'on pourrait à plus juste titre appeler instruments antimusicaux, se répandent dans le peuple, écrasant tout germe d'une harmonie originale et sentie. Un de ces *outils* s'est déjà introduit avec une déplorable facilité jusqu'au cœur de la population russe : je veux parler de l'*harmonia*, sorte d'accordéon, un instrument barbare qui, outre les notes isolées destinées au chant, produit deux accords tout préparés et toujours les mêmes, la tonique et la dominante majeures. N'y a-t-il pas là de quoi oblitérer tout sens harmonique dans le peuple ?

Il est malheureusement bien probable que, d'ici à un siècle ou deux, la chanson nationale aura entièrement disparu de l'Europe, envahie qu'elle sera partout par la musique dite civilisée. Aussi les « Recueils » spéciaux où sont réunis un certain nombre de ces monuments de l'art populaire deviendront-ils de plus en plus précieux ; ce sera là le dernier refuge du génie musical du peuple. Mais la formation de ces recueils offre de sérieuses difficultés. Celui qui veut en créer un doit d'abord posséder le sens le plus approfondi de la musique du peuple, afin de pouvoir discerner la chanson originale d'une contrefaçon postérieure ; il doit savoir épurer le texte musical, le dégager de ses variantes et le ramener à son état primitif. Seul, un parfait musicien est capable de comprendre les finesses sans nombre que contient la musique nationale, tant dans la mélodie que dans l'harmonie. Il doit prendre garde aux conseils que lui soufflera la routine, aux tentations d'altérer les endroits qui lui paraîtraient imparfaits et incorrects ; il faut qu'il n'ait à regarder ni au temps ni à la dépense pour aller recueillir la chanson sur les lieux mêmes d'où elle est supposée originaire. Il doit aimer d'un véritable amour la tâche qu'il s'est donnée et se préoccuper beaucoup plus de la qualité que de la quantité des matériaux à colliger. A des conditions pareilles, sans aucun doute, les bons recueils de chansons nationales constituent une grande rareté. La nation russe a le bonheur d'en posséder quelques-uns.

Le plus ancien de ces recueils est celui de Pratch, un musicien distingué de Prague. Il fut publié une première fois en 1790 ; une seconde édition, notablement amplifiée, parut en 1815, en deux volumes. Ce recueil contient 149 chansons.

Les thèmes y sont annotés avec correction, ce qui est l'essentiel, mais leur harmonie est défectueuse. Pratch n'a pas saisi le caractère d'harmonisation qui convient aux chants du peuple russe ; il a fait de maigres accompagnements de piano, à la manière de Mozart, en employant à tout moment des accords de septième qui, d'ordinaire, sont contraires à l'esprit des mélodies nationales russes, surtout lorsque celles-ci datent d'une époque ancienne : l'accord parfait, à ses diverses positions, devant suffire le plus souvent pour l'accompagnement de ces thèmes. Néanmoins, le recueil de Pratch est assez complet et intéressant pour son temps. C'est là que Beethoven a pris les thèmes russes dont il s'est servi dans ses quatuors dédiés au comte Razoumoffski.

Le recueil de Balakireff (1866) est, au contraire, extrêmement remarquable : de tous ceux qui existent c'est, sans contredit, le meilleur. Il ne contient que 40 chansons, mais toutes sont choisies avec le plus grand tact, très correctement notées et harmonisées avec beaucoup d'art. L'accompagnement au piano conserve d'un bout à l'autre son caractère essentiellement national ; il est d'une grande variété et s'adapte on ne peut mieux aux différentes mélodies du recueil, de façon que chacune de ces chansons, prise séparément, constitue à elle seule, dans son petit cadre, une véritable œuvre d'art. Cette façon de traiter la mélodie nationale a trouvé des imitateurs, parmi lesquels il faut citer Prokoudine et surtout Rimsky-Korsakoff, dont un recueil de 100 chansons populaires vient de paraître à Pétersbourg.

C'est dans ces chants nationaux que la plupart des compositeurs russes ont puisé le principe de leur inspiration, s'imprégnant de l'esprit qui y domine ou même se servant de thèmes nationaux pour leurs œuvres vocales et instrumentales.

2. — L'OPÉRA

MICHEL GLINKA ET SES PRÉDÉCESSEURS

De l'Italie, son pays d'origine, l'opéra a rayonné progressivement dans tous les autres pays de l'Europe. Il n'a pénétré en Russie qu'assez tardivement, alors que dans l'Europe occidentale il avait déjà atteint un certain développement.

En 1735, sous le règne de l'impératrice Anne Ivanovna, une troupe italienne, dirigée par le compositeur Francesco Araja, fut appelée à Saint-Pétersbourg et y donna des représentations dans sa langue. L'opéra russe ne fut établi que par l'impératrice Elisabeth Pétrovna. On réussit à former, sur son désir et après bien des difficultés, une troupe de chanteurs russes, qui exécuta, en 1755, le premier opéra écrit sur un texte national; mais cet ouvrage, *Céphale et Procris*, dont Soumarokoff était le librettiste, n'en fut pas moins mis en musique par Araja. Une série d'autres opéras furent composés dans les mêmes conditions : le livret, écrit en russe, était offert à des Italiens, pour la plupart chefs d'orchestre de la troupe italienne. Naturellement, le style des premiers compositeurs russes qui parurent ensuite refléta celui des introducteurs de l'opéra dans ce pays. Les artistes russes chantèrent, en outre, plusieurs opéras italiens traduits en russe. La création d'une troupe lyrique nationale était déjà un fait très important par lui-même : on était prêt pour l'exécution des œuvres vraiment nationales, lorsqu'elles viendraient à se produire.

L'impératrice Catherine II montra pour l'opéra russe une sollicitude marquée. Elle fit elle-même le texte de cinq opéras.

Les choses allèrent ainsi jusque vers la moitié du XVIIIe siècle.

Une infinité d'ouvrages avec texte russe, dont la musique était composée par des Italiens autant que par des Russes, furent écrits pendant cette période. Aucun n'est resté au répertoire. Il serait d'ailleurs inutile de s'y arrêter; on n'y rencontre que des formes très peu variées, des séries de couplets, jamais de grandes scènes chorales, ni d'ensembles. C'est ce qu'il y a de plus pauvre dans la « petite musique » : des sons amalgamés presque sans signification et à coup sûr sans intérêt ; une harmonie plus que médiocre, réunie à une instrumentation plate et incolore. En un mot, ces prétendus opéras ne furent que le pâle reflet de ce qui parut en Europe, avant les œuvres de Mozart et de Gluck.

Pendant tout ce temps, la Russie fut visitée par une foule d'artistes célèbres, maîtres de chapelle, compositeurs, entre autres par Sarti, Cimarosa, Paisiello, Martini, Steibelt, Boïeldieu, Cavos. Certes, ils n'ont guère fait pour la musique russe; toutefois, sous leur influence, les moyens d'exécution (l'orchestre, les chœurs) ont été sensiblement perfectionnés. Comme compositeurs d'opéras sur texte russe, nous citerons, parmi les musiciens étrangers de cette époque : Araja, Sarti, Soliva, Sapienza et Cavos ; et parmi les musiciens russes : Volkoff, Fomine, les frères Titoff et Alabieff. Mais le premier rang appartient sans conteste à Cavos, habile musicien, dévoué à sa tâche, chef d'orchestre excellent et professeur de chant de grand mérite.

Né à Venise en 1775, Caterino Cavos s'établit fort jeune à Saint-Pétersbourg (1798), et y résida jusqu'à sa mort (1840). Il a composé seize opéras, six ballets, de la musique pour six œuvres dramatiques, etc., etc. Ses opéras sont d'un style plus large que ceux de ses prédécesseurs ; il s'y trouve plus de richesses mélodiques et instrumentales ; on y voit une intention évidente d'assimilation de l'élément russe ; mais le fond reste italien malgré tout. Plusieurs des opéras de Cavos eurent un grand succès et restèrent au répertoire pendant un certain nombre d'années, au commencement de ce siècle. Ils sont oubliés maintenant.

Dans la période suivante, nous trouvons le nom de Verstowski, qui tient une place honorable dans l'histoire musicale de la Russie. Il est l'auteur de sept opéras, dont le meilleur et le plus populaire est *la Tombe d'Askold* (1835). Verstowski avait un talent incontestable; il possédait surtout le don de l'invention mélodique, la plus précieuse des facultés dont se compose la création musicale. Les chants, qui lui venaient avec abondance, ont souvent du charme, une fraîcheur sympathique, et, de plus, ils portent bien l'empreinte du caractère national. Malheureusement, Verstowski ne possédait qu'un acquis musical fort restreint; ses œuvres sont trop souvent entachées de « dilettantisme »; la coupe et le travail de ses morceaux sont maladroits et naïfs. Si à l'aise qu'il fût dans les couplets et les romances, il sentait bien qu'un opéra a besoin d'autre chose pour agir sur l'auditoire ; mais alors le terrain lui manquait, et ses efforts, rappelant ceux d'un bambin qui voudrait jouer à l'homme fait, arrivaient presque au ridicule.

Ses opéras seraient mieux nommés des vaudevilles; aussi, nonobstant ses facultés de mélodiste, malgré la popularité qu'ont obtenue bon nombre de ses mélodies (celles de l'opéra *la Tombe d'Askold*, principalement), il est impossible de le considérer commme un des créateurs de l'opéra russe. Sa musique, nous aimons à le répéter, porte bien un certain cachet de nationalité, mais elle est encore fort loin de ce que nous entendons par musique d'opéra; on n'y trouve pas trace de ces riches contrastes, de ces élans dramatiques, de ce coloris instrumental, qui sont les *requisita* d'aujourd'hui, qualités exigeant toutes non seulement un talent souple et vigoureux, mais en même temps un profond savoir technique.

***

L'honneur de la création de l'opéra russe revient à Michel Glinka, un des plus grands génies musicaux qui aient jamais existé, sans distinction de lieu ni d'époque.

Glinka naquit en 1804, d'une famille de propriétaires aisés, appartenant à la noblesse du gouvernement de Smolensk (terre de Nowospask). Dès sa plus tendre jeunesse, la passion de la musique se révéla en lui; tout enfant, il suivait attentivement le carillon des cloches d'église et le reproduisait ensuite avec beaucoup d'adresse, en frappant alternativement sur deux cuvettes en cuivre. Plus tard, l'orchestre privé de son oncle (1) lui inspirait de vifs mouvements d'enthousiasme, surtout pendant l'exécution des fantaisies sur des thèmes nationaux russes; il se pénétra dès lors du sentiment de cette musique, qu'on retrouve si vivant dans son œuvre.

Parfois, il lui arrivait de prendre un violon ou une petite flûte, et quoique la pratique de ces instruments ne lui eût jamais été enseignée, il tâchait de faire sa partie dans l'orchestre en improvisant des contrepoints ou en remplissant l'harmonie. Il commença bientôt l'étude du piano et du violon, et ne tarda pas à faire preuve de grandes aptitudes musicales. En 1817, il fut conduit à Saint-Pétersbourg, et placé dans le pensionnat de la Noblesse, succursale du principal institut pédagogique. Il s'y montra fort appliqué à l'étude des langues (il en a possédé six), de la géographie, de la zoologie, etc. Son goût pour ces deux dernières sciences ne diminua jamais; il se traduisait pratiquement par de fréquents voyages et par l'habitude qu'il avait prise d'avoir toujours près de lui, dans

---

(1) En Russie, surtout à l'époque du servage, beaucoup de propriétaires riches entretenaient un orchestre.

son logement, différents animaux domestiques : lapins, lièvres, gazelles, pigeons, de nombreuses espèces d'oiseaux chanteurs, etc. Il quitta le collège en 1822, après y avoir remporté le premier prix. Il continua à Saint-Pétersbourg ses lèçons de piano, particulièrement chez Field et Charles Mayer, et acquit un véritable talent d'exécution, que distinguaient la netteté du jeu et le charme du toucher. Quant à l'harmonie et aux études théoriques, il s'en occupa tantôt à Pétersbourg, tantôt à l'étranger, mais sans jamais suivre un cours complet et systématique. C'est à Berlin, auprès de Dehn, qu'il travailla de la façon la plus sérieuse ; encore ses leçons d'harmonie ne durèrent-elles que cinq mois. Il se rendait l'été à la campagne, où, grâce à l'orchestre de son oncle, il pût se familiariser parfaitement avec la pratique des instruments et la science des sonorités.

L'Italien Belloli lui enseigna le chant. Mieux partagé que la plupart de ses confrères, Glinka avait non pas une « voix de compositeur », mais un assez bel organe de ténor, dont il arriva à se servir admirablement, surtout dans ses propres œuvres. Il commença par composer de la musique instrumentale en 1822 : des variations pour harpe et piano, un quatuor pour instruments à cordes, etc.; plus tard, il aborda la musique vocale (en 1825, quelques romances). Il entra à cette époque dans l'administration des ponts et chaussées et conserva son emploi pendant quatre ans; après quoi il reprit sa liberté et passa les années 1830 à 1834 à voyager, surtout en Italie, où il se perfectionna dans l'étude du chant et dans l'art d'écrire pour les voix, sans toutefois s'imprégner de musique italienne.

Ce long séjour à l'étranger était motivé, en grande partie, par des motifs de santé. Glinka était d'une constitution assez faible; il aggravait son état valétudinaire par la grande complaisance avec laquelle il observait les moindres fluctuations de son mal et par l'importance qu'il leur accordait. Toujours en traitement, il a été une victime volontaire de la médecine et des praticiens.

A son retour en Russie, Glinka entreprit la composition de l'œuvre qui fonda sa renommée et d'où date l'ère nouvelle de la musique russe, l'opéra en quatre actes avec épilogue: *la Vie pour le Tsar*. Ce sujet lui fut indiqué par le célèbre poëte Joukowsky, qui voulut d'abord écrire lui-même le livret, mais n'en put trouver le temps et conseilla à Glinka de demander ce travail au baron Rosen. Comme essai, il fit d'abord la musique de plusieurs scènes, pour lesquelles Rosen dut chercher les paro- les. Satisfait du résultat, Glinka se mit au travail avec ardeur, souvent au milieu du brouhaha de la vie de famille et pendant les visites des amis de la maison. En deux années, l'opéra était achevé.

La première représentation de *la Vie pour le Tsar* eut lieu le 27 septembre (9 octobre) 1836. Avant de monter cet opéra, l'administration des théâtres impériaux (1) avait fait signer au compositeur sa renonciation à toute rétribution. Le succès fut colossal, sans précédent. D'emblée Glinka devint célèbre. Ses relations avec la société s'étendirent; un cercle d'artistes, hommes de lettres, peintres, etc., se forma sous son influence, et il en fut l'âme. La création d'un cercle d'artistes russes, réellement unis, était chose d'autant plus remarquable alors, qu'actuellement même il existe bien peu de liens entre eux, par suite de l'intolérance qui leur est assez habituelle et des vues par trop personnelles de la plupart d'entre eux.

L'empereur Nicolas offrit à Glinka une bague de prix et le nomma directeur de la chapelle impériale. Au bout de deux ans, Glinka se démit de ces fonctions, tant une occupation régulière lui était à charge.

Aussitôt après la mise à la scène de *la Vie pour le Tsar*, Glinka commença son second opéra, *Rousslan et Ludmila*. Il

(1) On sait qu'en Russie les principaux théâtres sont administrés par le gouvernement.

en composa la musique d'une manière peu suivie. Cinq librettistes étaient à l'œuvre ensemble, et chacun d'eux travaillait sans consulter un plan général, ce qui explique l'imperfection du texte et du *scenario*, ainsi que le temps qu'il fallut pour achever cet ouvrage, qui ne fut sur pied qu'en 1842. Pendant l'élaboration de *Rousslan*, Glinka écrivit un grand nombre de romances et plusieurs morceaux pour le drame de Koukolnik, *le Prince Kholmsky* (une ouverture, trois chansons et quatre entr'actes). Malgré la grande supériorité de la musique de *Rousslan* sur celle de *la Vie pour le Tsar*, cette œuvre fut loin de rencontrer un succès égal, et ne fut représentée que pendant deux saisons. En 1843, une troupe italienne vint s'établir à Saint-Pétersbourg; l'Opéra russe fut transféré à Moscou, et il en résulta une interruption de quinze ans dans les représentations de *Rousslan*. Ces circonstances défavorables, et plus encore l'attitude indifférente, presque ironique, qu'il voyait prendre à l'égard de cet ouvrage par le public, par la critique et même par ses amis, agirent si violemment sur la nature impressionnable du compositeur, qu'il ne se releva plus de ce coup terrible. Il renonça à écrire des opéras, et dès lors sa verve, volontairement comprimée, ne se fit plus jour qu'à de rares intervalles.

En 1844, Glinka quitta de nouveau la Russie. A Paris, où il se rendit d'abord, son mérite de compositeur ne fut pas apprécié à sa valeur par le public; quelques artistes cependant lui rendirent justice, Berlioz, entre autres, qui fit exécuter la *Lesguinka*, danse caucasienne de l'opéra *Rousslan*. De là, il partit pour l'Espagne, qui fut bientôt le pays de sa prédilection; il y séjourna deux ans, étudiant avec un vif intérêt la musique nationale espagnole, et s'en inspirant parfois : c'est ainsi qu'il composa, en 1847, une fantaisie sur la *Jota Aragonesa*, puis, de retour en Russie, un tableau symphonique plein de poésie sur des thèmes espagnols : *une Nuit à Madrid*. La composition de ce dernier morceau avait été précédée de celle de la *Kamarinskaïa,* fantaisie humoristique sur des thèmes russes.

Après un troisième voyage à l'étranger, Glinka écrivit son auto-biographie et instrumenta l'*Invitation à la valse*, de Weber. On sait que cette brillante fantaisie a été orchestrée aussi par Berlioz, dont le travail est antérieur à celui de Glinka ; mais, pour en faciliter l'exécution, Berlioz a substitué le ton de *ré naturel* à celui de *ré bémol*. Glinka, au contraire, a conservé le ton primitif. Il existe donc deux partitions orchestrales de ce morceau célèbre; toutes deux sont traitées de main de maître.

Plus tard, une certaine fièvre de production sembla s'emparer du compositeur, et on le vit pendant quelque temps fort préoccupé d'une œuvre symphonique sur des mélodies petites-russiennes, ayant pour sujet *Tarass Boulba,* nouvelle de l'immortel Gogol ; puis aussi, d'un nouvel opéra, *la Bigame*. Mais l'ardeur qu'il déploya au début se ralentit bientôt; il abandonna l'un et l'autre de ces projets, sans en avoir même commencé l'exécution sur le papier; de sorte qu'il ne nous est parvenu aucun vestige de ces deux œuvres. A cette époque il commença à s'éprendre fortement de la musique ancienne; en 1856, il fit le voyage de Berlin dans le but spécial de s'en occuper avec Dehn. Son but était surtout d'étudier les anciens modes d'église. Mais ses forces avaient bien diminué alors ; il tomba sérieusement malade à Berlin, et, après avoir langui quelque temps, expira le 2 février 1857. Son corps fut transporté à Saint-Pétersbourg; il repose dans le cimetière du couvent Newski.

Outre les œuvres mentionnées au cours de cette esquisse biographique, il est à propos d'ajouter que Glinka a composé environ 70 mélodies vocales et quelques morceaux pour le piano.

***

Glinka, compositeur dramatique, se résume dans deux opéras, *la Vie pour le Tsar* et *Rousslan et Ludmila,* ouvrages qui, avec les opéras de Dargomijsky, constituent la pierre angulaire de l'édifice lyrique en Russie.

Le sujet de *la Vie pour le Tsar*, très dramatique, est emprunté à l'histoire. Il se rapporte à l'année 1613, sombre époque où la Russie était à feu et à sang, où les Polonais dominaient au Kremlin. Le jeune Mikhaïl-Fédorowitch Romanoff fut alors élu tsar; tout l'espoir de la nation se concentrait en lui. La légende historique veut que les Polonais aient tenté de se saisir du souverain nouvellement élu. Pour savoir l'endroit où se trouvait le tsar, quelques-uns de leurs chefs s'adressèrent au paysan Ivan Soussanine, en se faisant passer pour des ambassadeurs. Sommé de conduire auprès de son maître ces prétendus envoyés, Soussanine devina leur ruse, et pour déjouer le complot, il n'hésita pas à faire le sacrifice de sa vie. Dépêchant son fils adoptif pour avertir Mikhaïl-Fédorowitch, retiré à peu de distance, du danger qui le menaçait, il conduisit les Polonais dans des fourrés sauvages, impénétrables, où ils durent périr tous, incapables qu'ils étaient de retrouver leur chemin. Il fut mis à mort par les Polonais égarés, mais ceux-ci ne purent réaliser leur dessein, car le tsar averti à temps put se mettre en sûreté.

Quelques historiens russes modernes nient l'authenticité de ce récit; mais, que le fait soit ou non réel, le martyre accepté par dévouement sera de tous temps un magnifique sujet de drame : il émeut d'autant plus, dans l'opéra de Glinka, que Soussanine affronte la mort en sachant qu'il laissera derrière lui une fille, Antonide, le fiancé de celle-ci, Sabinine, et Vania, un fils d'adoption, qu'il aime tous trois d'une ardente affection.

Le sujet se développe, à proprement parler, dans le courant de trois actes, sur les quatre dont se compose le drame ; ce sont : le premier, le troisième et le quatrième. Au début du premier acte, la scène est occupée par des groupes de paysans, Soussanine et Antonide; bientôt survient Sabinine, le fiancé d'Antonide. Soussanine ne veut pas consentir à leur union tant que dureront les troubles politiques; mais apprenant que Mikhaïl-Fédorowitch est élu tsar, il voit dans l'avénement du jeune prince le gage d'un meilleur avenir et ne veut plus retarder le bonheur des jeunes fiancés. L'acte se termine par un trio, accompagné d'un chœur: c'est une scène où l'allégresse éclate et déborde.

Le troisième acte se passe dans la chaumière de Soussanine. On y fait les apprêts de la noce, interrompus bientôt par l'arrivée d'un détachement de Polonais. Grande scène entre Soussanine et ces derniers, pendant laquelle il envoie Vania auprès du tsar. Ayant fait ses derniers adieux à Antonide, Soussanine sort avec les Polonais. Désespoir d'Antonide; Sabinine accourt, et, apprenant ce qui vient de se passer, rassemble quelques compagnons et s'élance sur les traces de Soussanine.

Le quatrième acte a deux tableaux : — *a*) air de Vania, avec chœur : il instruit le tsar du danger qui le menace; — *b*) Soussanine en pleine forêt avec les Polonais; mort de Soussanine.

L'ouvrage aurait pu ne comprendre que ces trois actes ; mais Glinka à cru devoir en intercaler un autre, après le premier, et ajouter un épilogue. Le second acte est destiné à contraster avec le reste. C'est un divertissement dans le caractère polonais, consistant principalement en danses : une polonaise, un krakoviak et une mazurka.

Dans l'épilogue, qui se passe à Moscou, Vania fait au peuple rassemblé le récit du martyre de Soussanine, et l'opéra se termine d'une façon grandiose par l'entrée solennelle du tsar Mikhaïl dans sa capitale.

Tel est le sujet du premier opéra de Glinka (1).

Comme compositeur, Glinka possède les qualités suivantes : mélodiste prodigue et inépuisable, il sait donner à ses chants une forme parfaitement vocale; les mélodies chez lui se déroulent librement, naturellement, comme celles des auteurs italiens, sans cependant conserver rien de ce qui caractérise souvent si fâcheusement ces derniers : la violence et le lieu commun. Il a la variété, la grâce et l'entrain ; son chant est toujours expressif.

Sa science musicale, l'étonnante richesse de son invention harmonique, hardie, originale et toujours lucide, va de pair avec son génie mélodique. Il n'est point de difficulté technique dont il ne se tire avec une surprenante facilité. Dans *Rousslan*, par exemple, il harmonise une gamme diatonique en tons entiers, et l'étrangeté de cette gamme si peu usitée disparaît sous le charme de la splendide harmonie dont il la revêt. Il a introduit dans l'harmonie une foule de choses absolument neuves, inconnues jusqu'à lui, et toutes ces innovations, toujours pleines de goût, ne sentent jamais la recherche ni la contrainte.

Glinka possède à fond l'art du contre-point et de la polyphonie; il aime surtout à se servir du contre-point double, et réunit souvent deux thèmes qu'il a fait d'abord entendre séparément. *Rousslan* contient un canon à quatre voix qui est un morceau exquis et d'une pureté absolue de facture.

Glinka sait toujours donner une structure très-artistique à ses morceaux, depuis les plus petites romances vocales jusqu'aux plus larges ensembles symphoniques, et les développements sont chez lui toujours pleins d'intérêt. Il emploie volontiers la forme de la variation, et on ne peut qu'admirer la diversité des rythmes, l'originalité des contre-points, les

(1) Il est à propos de rappeler ici que ce sujet a été traité également par le Vénitien Cavos, dont il a été question plus haut.

contrastes d'harmonie et d'instrumentation dont il enrichit alors son travail.

Enfin, parfaitement maître de l'orchestre, Glinka réussit, par des moyens relativement modestes, à obtenir des effets variés et puissants d'ensemble ou de détail.

Toutes ces qualités de premier ordre, réunies en un seul homme, suffisent certainement à classer très haut un artiste. Mais ce sont des qualités générales, trouvant leur emploi dans tous les genres; et le compositeur d'opéras doit en posséder d'autres plus spéciales. Celles-là ne faisaient point défaut non plus à Glinka; mais il les mettait en œuvre d'une manière en quelque sorte inconsciente, sans paraître sentir l'importance qu'il faut leur accorder d'un bout à l'autre d'une œuvre théâtrale. On peut admettre que Glinka n'envisageait l'opéra que comme un prétexte à musique vocale avec décors, costumes, orchestre et un sujet pouvant intéresser par lui-même. Évidemment son esprit n'est point préoccupé du caractère des formes spéciales de la musique d'opéra; il ne s'inquiète pas des moyens d'arriver à la cohésion et à l'affinité entre toutes les portions de l'ouvrage, sans quoi il n'aurait certes pas composé l'ouverture de *la Vie pour le Tsar* avant l'opéra lui-même, il se serait gardé d'écrire de grandes scènes avant d'avoir un texte pour le guider, et il n'aurait pu se contenter des imperfections qui sautent aux yeux dans le libretto de *Rousslan*. Et cependant, il n'en réussit pas moins à écrire de la musique d'opéra concordant avec le sujet et les situations scéniques; là où il le faut, il amène de grands effets dramatiques; le tout se combine et se lie avec un naturel parfait, comme une suite non interrompue d'heureuses éventualités. Porté de préférence aux expansions larges, au style brillant, aux formes arrondies et élégantes, Glinka n'en arrive pas moins à créer des scènes dramatiques profondément émouvantes et vraies. Se souciant peu du texte et même de la partie déclamatoire, qui chez lui, soit dit en passant, est parfois négligée et incorrecte, dans les cantilènes notamment, il impressionne par l'accent qu'il sait donner à sa phrase dans les récitatifs. Il ne s'est pas rendu compte de l'insuffisance des formes sanctionnées par le temps, inhérentes aux opéras parus avant les siens, et n'a pas essayé d'en réaliser de nouvelles; cependant il arrive à créer par moments *le récitatif mélodique,* la forme essentiellement rationnelle pour les scènes les plus dramatiques. Bien qu'il ne cherche pas à revêtir chacun de ses personnages d'un caractère musical qui lui soit propre, il réussit néanmoins, sans autre guide que son instinct, à tracer d'excellents types, parfaitement soutenus (Soussanine, Farlaff, Ratmir, — ces deux derniers dans *Rousslan*). En un mot, il n'est pas de condition actuellement requise en matière d'opéra que Glinka ne soit, en partie du moins, arrivé à réaliser avec vérité, sans s'y efforcer, et par la seule intuition de son génie.

La couleur locale est chère à Glinka; il l'atteint avec beaucoup de bonheur et sait la maintenir tant qu'il le faut. L'élément russe et oriental, dans *Rousslan*, est admirablement traité. Dans *la Vie pour le Tsar*, l'élément polonais est très marqué, quoique rendu d'une manière moins parfaite. Glinka se servait parfois de mélodies nationales, et les élaborait avec une rare habileté; des thèmes espagnols, finnois, persans, lui ont fourni des matériaux pour la composition de quelques-unes de ses œuvres les plus importantes.

Glinka ainsi apprécié dans l'ensemble de son talent, passons au détail de son premier opéra.

La musique de *la Vie pour le Tsar* est toute empreinte de nationalité russe et polonaise. Dans tout l'opéra, il ne se rencontre peut-être pas une seule phrase musicale ayant plus d'affinité avec la musique de l'Europe occidentale qu'avec celle des Slaves. Une nuance aussi marquée de nationalité, réunie aux plus hautes conditions de l'art, ne se retrouve, ce nous semble, que dans *le Freyschütz*. Pourtant Glinka ne s'est servi que d'un nombre très restreint de thèmes nationaux pour marquer le caractère essentiellement russe de sa musique : un mélodiste aussi fertile n'avait pas besoin de chercher des idées en dehors de lui-même. Ses mélodies à lui portent l'empreinte profonde du caractère russe ; on peut en dire autant des harmonies qu'il y adapte. La nuance polonaise est reproduite avec moins de vérité, d'une manière plutôt extérieure et superficielle. Glinka ne la représente que par les rythmes fortement cadencés de la polonaise et de la mazurka, qu'on entend aussitôt que des Polonais paraissent en scène. C'est un moyen facile, voyant, satisfaisant pour un auditeur peu exigeant, mais il est insuffisant dans les épisodes dramatiques. On peut bien être Polonais, sans chanter constamment des mazurkas et des polonaises.

L'ouverture de *la Vie pour le Tsar* est bien faite, mais elle n'offre rien de saillant. C'est la plus faible de toutes les ouvertures de Glinka. — L'opéra débute par un chœur, construit sur une phrase large et énergique pour voix d'hommes, et une autre, pleine de gaieté et de vivacité, pour voix de femmes, formant avec la première un admirable contraste. Le chœur se termine par une fugue, traitée, comme de raison, dans le style libre. Le numéro suivant est un air d'Antonide, le morceau d'entrée stéréotypé, spécialement fait pour donner à la cantatrice l'occasion de briller dès le début par des vocalises et l'inévitable contre-*ut*. Pourtant, malgré ses formes routinières, cet air est plus musical que ceux qui lui ont servi de modèle ; les fioritures elles-mêmes ont une certaine saveur de terroir qui dénonce la nationalité du compositeur. Conformément à l'usage, cet air est formé de deux parties : un andante, où la vraie musique tient peu de place, mais fort avantageux pour la virtuosité de l'artiste, et un allegro, beaucoup moins à effet, et contenant un thème court, mais d'une vivacité gracieuse. Un défaut sensible dans cet allegro, c'est le retour incessant de la note *mi bémol*. — Soussanine entre ensuite et s'entretient avec les paysans et avec sa fille de la triste situation du pays : scène admirable, autant par sa valeur musicale que par sa conduite dramatique. En l'écrivant, Glinka n'a éu nul souci de la régularité des formes ; il s'est laissé conduire par les exigences du mouvement scénique. La musique se déroule librement, largement, sans retour aux motifs précédents ; Soussanine est en plein récitatif mélodique : c'est une série de phrases inspirées, profondément senties et d'une irréprochable déclamation ; ses paroles adressées au peuple sont d'un naturel frappant. On pourrait comparer ce beau tableau dramatique, pour la facture, au premier trio avec chœurs du *Freyschütz*. — La scène est interrompue par l'arrivée en barque du fiancé d'Antonide. Au loin se fait entendre un thème national, chanté à l'unisson ; les sons se rapprochent, l'orchestre brode sur ce thème de ravissants contre-points et des variations rythmiques du plus heureux effet ; le tout se croise, se développe et finit sur un éclatant *forte*, au moment où Sabinine aborde au rivage. C'est bien une magnifique entrée de ténor, la plus musicale peut-être de toutes celles qui existent. — Le trio final, accompagné d'un chœur, se compose de deux parties. La première est un andante modelé sur les trios de Rossini (les trois voix attaquent successivement le même thème) ; ce trio est très-chantant, les parties y sont habilement conduites, et, surtout dans la seconde moitié, s'unissent en de belles harmonies. La seconde partie du morceau est un allegro plein d'entrain, vers la fin particulièrement. L'emploi des masses chorales réunies aux voix des principaux personnages est, du commencement à la fin, d'un excellent effet.

Le deuxième acte est plus faible que les autres. Comme nous l'avons dit, ce n'est qu'un divertissement dans le caractère polonais, consistant en une polonaise, un krakoviak et une mazurka. On peut diviser les danses intercalées dans les opéras en ballet, proprement dit, et en danses de caractère. Rien de plus fâcheux, en principe, que cette musique de ballet : d'ordinaire elle est tout aussi inférieure aux mérites musicaux du reste de l'opéra (1) qu'il est peu séant à la marche d'un drame de voir les ballerines pirouetter et les danseurs rebondir en cadence comme des ballons de caoutchouc. Mais ce qui souvent anime la scène, ce sont les danses de caractère, les danses nationales, qui excitent le compositeur à écrire quelque chose de varié et de pittoresque. La musique du second acte de *la Vie pour le Tsar* se rapporte au « ballet de caractère » : elle est assez réussie, il s'y trouve de belles *codas* ; elle a du brillant et est évidemment écrite par un excellent musicien ; mais, avec tout cela, elle reste si inférieure aux autres parties de l'opéra, qu'il n'y a vraiment pas lieu d'en parler plus longuement.

Le troisième acte est précédé d'un très-bel interlude, où règne une profonde tristesse, présageant de douloureux événements. L'air que chante Vania est plein de naturel et dispose à la sympathie. Le duo qui le suit (entre Vania et Soussanine) est d'un caractère patriotique et martial ; ce morceau, quoique l'un des préférés du public, est le moins réussi de tous. Sans parler de la banalité des thèmes dont il est composé, disons qu'il est écrit défectueusement (le contralto chante en tierces avec la voix de basse, qui dès lors l'annihile presque complètement) ; il est instrumenté avec dureté, sans charme (instruments de cuivre) ; mais, si faible qu'il soit, il est encore infiniment supérieur aux duos martiaux de *Bélisaire* et de quantité d'autres opéras italiens. — Vient ensuite un chœur de villageois se rendant au travail : la structure en est parfaite, dans l'ensemble autant que dans les moindres détails. La beauté des thèmes de ce chœur, ainsi que leur large développement, en font une des pages capitales de l'opéra. Antonide, puis son fiancé, paraissent alors : grand et très beau quatuor, com-

(1) La chose peut s'expliquer naturellement : un compositeur d'opéra dramatique regrette de dépenser de la bonne musique pour le ballet ; de plus, il n'a pas toujours l'habitude de ce genre de technique et en ressent une espèce de gêne.

mençant par une belle prière dans le style de la musique ecclésiastique orientale. L'allegro est fait avec une rare habileté : les parties se succèdent vivement, se poursuivent, se croisent, sans contrainte aucune. La facture de ce brillant quatuor va de pair avec sa valeur musicale.

Au milieu de la scène suivante, dans laquelle Soussanine s'adresse au jeune couple avec de tendres paroles et d'amicales exhortations, retentissent soudain les deux premières mesures de la polonaise du deuxième acte : ce sont les Polonais qui s'approchent..... Ces deux mesures en 3/4, coupant brusquement le suave et sympathique thème de Soussanine (en 2/4), produisent un de ces effets saisissants dont les grands compositeurs seuls possèdent le secret. A l'exception de certaines longueurs et sauf le rythme de danse, parfois déplacé, qui est la caractéristique des Polonais dans l'opéra, la grande scène de Soussanine avec ces derniers est dramatique au suprême degré ; elle bouleverse et atterre le spectateur. C'est un vrai chef-d'œuvre. Quelle perfection dans toutes les nuances expressives des paroles de Soussanine, qui se montre tantôt grave et solennel, tantôt dissimulé, parfois héroïque, et n'hésitant pas à offrir sa poitrine aux coups de l'ennemi ! Avec quelle finesse est rendu le moment où Soussanine, pendant que les Polonais confèrent entre eux, donne l'ordre à Vania d'aller au plus vite avertir le tsar de ce qui se passe ! Avec quel profond sentiment de tendresse et de douleur il se sépare de sa fille, ne conservant aucune illusion sur le sort cruel réservé à son dévouement ! On compterait aisément, dans tout le répertoire lyrique, les scènes aussi puissamment dramatiques, aussi profondément pathétiques que celle-là.—La romance d'Antonide, qui suit, quoique d'un sentiment assez vrai, pâlit inévitablement à côté de cette grande page. Vient ensuite un petit chœur de jeunes filles ; celles-ci s'informent des raisons qui attristent Antonide. Ce chœur est ravissant ; il est écrit en 5/4, et ce rythme original ne saurait être employé avec plus de naturel ; il prête à tout le morceau une grâce, un charme tout particuliers :

Le finale, très mouvementé, renferme d'excellentes choses.

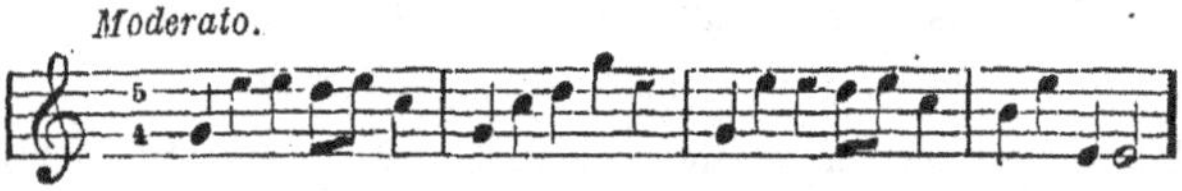

Mais on les remarque moins, après la scène capitale dont nous avons parlé, et qui est le point culminant de cet acte si remarquable.

Le quatrième acte de *la Vie pour le Tsar* est aussi précédé d'un bel entr'acte, qui dépeint par anticipation la fin tragique de Soussanine. Le grand air que chante Vania, le messager, est formé de deux parties : l'andante, d'une quiétude religieuse, a de la valeur, mais le récitatif qui le précède, haletant et agité, ainsi que l'énergique allegro de bravoure qui vient après, lui sont supérieurs musicalement.— Voici maintenant la scène dans la forêt, digne pendant du grand et magnifique tableau dramatique de l'acte précédent. On voit déboucher les Polonais égarés par Soussanine ; ils sont exténués, transis de froid. Cette entrée se fait sur un chœur-mazurka, qui le dispute peut-être aux meilleures inspirations de Chopin, tout en conservant la touche individuelle du compositeur. Les Polonais s'apprêtent à dormir ; Soussanine s'éloigne de quelques pas. Grand monologue, composé d'un air et d'une longue série de récitatifs mélodiques. La pensée de Soussanine se reporte, par échappées, tantôt sur Vania, tantôt sur Antonide et son fiancé (l'orchestre fait entendre aussitôt des thèmes rappelant ces personnages) ; puis le martyr volontaire est saisi par la vision de la mort qui l'attend, effrayante, ignorée.... Cette terrible angoisse ne s'adoucit un peu qu'à l'idée de Dieu et du devoir. — Mais les Polonais sont de nouveau sur pied ; ils pressent de questions leur guide, qui leur déclare enfin que le lieu sauvage où il les a conduits est une impasse d'où ils ne pourront sortir. Furieux, ils se précipitent sur lui ; après une courte lutte, Soussanine succombe. Cette mort, faisons-en la remarque, n'est pas agrémentée de l'air obligé d'agonie théâtrale. Pour être bref, nous dirons, sans nous attarder à des épithètes louangeuses, que la musique de toute cette scène est, sous tous les rapports, à la hauteur du sujet qu'elle traite; elle produit une profonde impression qui ne s'efface pas de longtemps.

Le prélude qui précède l'épilogue (l'apothéose de Soussanine) ne le cède en rien aux autres entr'actes. Glinka était porté vers la musique symphonique, et, dans ses opéras, il n'a jamais négligé une occasion d'intercaler des tableaux descriptifs, très remarquables dans leur brièveté. Le premier morceau de l'épilogue est un trio, où Vania joue le rôle principal. C'est une des parties les plus goûtées, les plus populaires de tout l'opéra, mais on pourrait lui reprocher, avec raison, d'être trop larmoyante, et d'un « nationalisme » équivoque, ce qui nuit à l'ensemble de ses qualités. Le second tableau figure l'entrée du tsar : deux orchestres y joignent leurs puissantes sonorités à la sonnerie des cloches. C'est une page pleine d'éclat et de grandeur, resplendissante d'un génie beethovénien. Il serait difficile de rendre le merveilleux de ce finale, surtout quand, vers la fin, l'orchestre se taisant pendant quelques mesures, les cloches seules remplissent l'air de leur joyeux carillon, et qu'ensuite se déroule une série d'accords d'une surprenante nouveauté, d'une majesté incomparable. Il y a certainement une analogie, pour la puissance de l'effet, entre l'épilogue de *la Vie pour le Tsar* et le finale de la symphonie en *ut* mineur de Beethoven. On ne saurait, en vérité, imaginer quelque chose de plus grandiosement beau pour terminer l'ouvrage. L'entrée solennelle du tsar n'impressionne pas moins que la mort de Soussanine ; mais elle a cet autre résultat de rasséréner l'auditeur, qui quitte le théâtre avec le sentiment que le sacrifice héroïque de Soussanine n'a pas été stérile, et que le pays lui devra la fin de toute une ère d'adversité.

Par cet ouvrage, où l'inspiration est si étroitement unie à

l'habileté technique, Glinka a créé de toutes pièces l'école d'opéra russe. *La Vie pour le Tsar* est née comme Minerve, — tout armée, — et son auteur, du premier coup, a trouvé une place parmi les plus grands compositeurs. Un musicien peut-il commencer sa carrière avec plus d'éclat? Si *Robert le Diable* eût été le véritable début de Meyerbeer, cette entrée dans la carrière n'aurait pas eu plus d'éclat. En effet, y a-t-il beaucoup d'opéras où, l'action du drame et le coloris local étant strictement observés, on ne compte que quatre ou cinq morceaux médiocres, contre vingt-cinq autres magnifiques? Le contraire n'arrive que trop souvent, sans nuire à leur réputation, même aux compositeurs le plus en renom, dont les partitions, à l'exception de deux ou trois morceaux réussis, abondent en lieux communs.

Nous avons déjà parlé du succès obtenu, dès l'origine, par *la Vie pour le Tsar*. Jusqu'à présent, cet opéra a déjà eu plus de 500 représentations.

La musique russe n'a presque pas pénétré à l'étranger, où l'on n'est pas sans préventions contre elle, et où, en tous cas, on l'ignore ou peu s'en faut. Il est bien vrai que *la Vie pour le Tsar* et *Rousslan* ont été montés, à Prague, mais plutôt dans un but politique qu'avec des intentions purement artistiques; il est encore vrai que, grâce aux efforts de Mme Gortchakoff, il y a quelques années, *la Vie pour le Tsar* a aussi été jouée à Milan, et y a positivement eu du succès; mais, après une première série de représentations, cet opéra n'a plus été repris. Évidemment, dans les autres pays, on ne peut s'y intéresser autant que le font les Russes; le sentiment national qui y domine, la couleur locale que chaque patriote y retrouve ne sauraient être entièrement appréciés par les étrangers, qui s'y montreront peut-être même peu sympathiques, vu qu'il en résulte, dans tout l'opéra, une espèce de monotonie. Et cependant il est certain que tout artiste impartial, de quelque nationalité qu'il soit, qui se livrera à une étude sérieuse de cette partition, y trouvera un très grand intérêt et ne pourra lui refuser son admiration, comme à une œuvre d'une grande profondeur et d'une remarquable originalité.

***

Le sujet du second opéra de Glinka, *Rousslan et Ludmila*, est emprunté à l'un des premiers poëmes du grand Pouchkine, dont les œuvres se prêtent admirablement à la musique et ont presque toutes servi de thèmes aux musiciens russes. *Rousslan* est un conte fantastique, où figurent des héros, des magiciens, etc. Ludmila, fille du prince Swétosar, est courtisée par un preux slave, Rousslan, par un prince d'Orient, Ratmir, et par Farlaff, le poltron. Elle arrête son choix sur Rousslan, et l'opéra débute par un festin nuptial, pendant lequel un rhapsode, espèce de skalde russe, fait entendre ses chants prophétiques. Le festin s'achève, et est suivi de la bénédiction des jeunes mariés : quintette interrompu par un coup de tonnerre et de subites ténèbres, à la faveur desquelles Ludmila est enlevée par le méchant magicien Tchernomor. Quand l'obscurité se dissipe, on s'aperçoit que Ludmila a disparu, et nos trois héros décident de se mettre incontinent en campagne pour la retrouver.

Le premier tableau du second acte représente la grotte de Finn, sorcier finnois bienfaisant. Rousslan, qu'il protége, vient lui demander aide et secours. Finn lui fait le récit de son propre passé et pronostique un entier succès à l'entreprise du jeune prince. Un changement de décor amène une scène analogue entre le poltron Farlaff et Naïna, fée malicieuse, qui lui est dévouée ; elle lui prédit aussi une complète réussite. Un nouveau changement nous transporte dans un champ vaste et morne; au fond de la scène, on voit une tête d'une colossale dimension. Rousslan lui livre combat ; il en a vite raison et s'empare du glaive dont la garde a été confiée à cette tête, et qui lui servira à vaincre Tchernomor.

Au troisième acte, nous sommes dans le palais enchanté de Naïna, au milieu des danses, des concerts, des plus séduisantes voluptés. Naïna attire dans ce séjour enchanté le jeune Ratmir et Rousslan, afin de laisser à Farlaff sa pleine liberté d'action. Sur ces entrefaites apparaît Finn, qui détruit d'un mot charme et palais : tout s'évanouit.

Le quatrième acte se passe chez Tchernomor. Ludmila languit; son chagrin est momentanément soulagé par un chœur de fleurs harmonieuses. Entrée de Tchernomor : c'est un nain dont toute la force gît dans la longueur démesurée de la barbe qu'il porte. Il tente de divertir Ludmila par le spectacle de danses féeriques. Soudain le cor retentit : c'est Rousslan qui provoque Tchernomor. Celui-ci accepte le combat avec empressement, mais préalablement il endort Ludmila. On le voit bientôt porté dans les airs, aux prises avec Rousslan qui se cramponne à sa barbe. Moment indécis. Enfin Rousslan reparaît vainqueur; mais il ne peut réveiller Ludmila, et l'emmène endormie auprès de Swétosar, le père de la princesse.

Au cinquième acte, comme au début, l'action est ramenée dans le palais de Swétosar; sur un lit de parade repose Ludmila, que personne n'a le pouvoir de tirer de son sommeil. Ratmir accourt; instruit par Finn, il détruit le charme qui tient Ludmila endormie, et la fête interrompue au premier acte s'achève brillamment.

Ce libretto a ses qualités et ses côtés faibles. Il ne renferme rien de dramatique, l'intérêt de l'action est nul : ce n'est qu'une suite de scènes, dont on pourrait intervertir l'ordre, et même diminuer ou augmenter le nombre, sans porter préjudice à la trame de la légende. Pour qui exige, dans un opéra, un sujet intéressant et dramatique, celui que nous venons de résumer est au-dessous de toute critique. En revanche, examiné sous un autre point de vue, il offre l'avantage d'une grande variété, et chaque scène, isolément, semble avoir été faite pour appeler la musique. Glinka ne pouvait mieux tomber que sur un poème aussi en rapport avec le caractère de son talent, si souple et si apte aux scènes descriptives. Nous l'avons vu : il a été dramatique pour ainsi dire malgré lui, par la force spontanée de son génie ; mais, avant toute chose, il était musicien, ne recherchant dans l'opéra que l'occasion de créer de bonne musique, aussi variée que possible. Il n'est donc guère étonnant qu'il se soit contenté du texte de *Rousslan*, mélange bizarre de scènes polychromes, sorte de kaléidoscope magique, et qu'il y ait même mis le meilleur de sa nature d'artiste. En effet, Pouchkine a donné à son poème un ton dégagé, d'une spirituelle légèreté ; Glinka, au contraire, a pris son travail au sérieux et l'a traité avec un sentiment pénétré et profond.

Nous n'avons été que l'interprète de la vérité en parlant de la haute valeur de *la Vie pour le Tsar* ; nous serons aussi vrai en disant que la musique de *Rousslan* est de beaucoup supérieure encore. *La Vie pour le Tsar* est une œuvre de jeunesse, tout autant que de génie ; *Rousslan* émane d'un talent mûr, ayant atteint les dernières limites de son développement. Sous le rapport de la musique pure, *Rousslan* est une œuvre de premier ordre ; à ce point de vue spécial, il peut soutenir la comparaison avec les grands chefs-d'œuvre lyriques. Glinka y a tracé des routes nouvelles, ouvert des horizons inconnus jusqu'à lui.

Avant d'entrer dans le détail de la partition, quelques remarques générales trouveront ici leur place. Si, dans l'ensemble, *Rousslan* surpasse de beaucoup *la Vie pour le Tsar*, en revanche il s'y trouve des parties faibles, et même des morceaux qui sont peut-être inférieurs à tout ce que nous avons trouvé de médiocre dans le premier opéra de Glinka (deux airs de Ludmila, l'allegro des airs de Rousslan et de Ratmir, les danses du troisième acte). Glinka a donné un grand développement à certains morceaux; l'allegro de l'air de Rousslan est d'une forme toute symphonique, et le compositeur y a même introduit un *mittelsatz* ou milieu développé. Cet essai ne lui a pas réussi: non pas que les thèmes d'un opéra se refusent au développement; loin de là, ces amplifications, en ajoutant à l'intérêt musical, peuvent encore aider à accuser certains côtés du caractère des personnages; mais un travail de ce genre doit tenir compte des exigences du sujet, ainsi que des détails du texte, et ne pas s'imposer quand même, à un moment donné, et rien que pour figurer comme forme symphonique. — Glinka a souvent recours, dans *Rousslan*, à la forme si riche, si pleine de ressources de la variation. — Pour la première fois, il met en scène un personnage comique, Farlaff. Ce caractère a un certain relief, quoiqu'il soit tracé avec peu d'originalité. Dans son rondo, Farlaff rappelle le *buffo* italien et son débit précipité; mais Farlaff a au moins de bonne musique à chanter, ce qui n'est pas toujours le cas pour les bouffes italiens. — Dans son premier opéra, Glinka a touché à deux nationalités : la russe et la polonaise; dans *Rousslan* il a réservé une grande part à la musique orientale (Ratmir, Tchernomor). Depuis longtemps la musique orientale exerce une grande attraction sur beaucoup de musiciens, grâce à l'originalité de sa gamme, à sa poétique langueur ou à sa brûlante passion; il suffira de citer Beethoven (*les Ruines d'Athènes*), Weber (*Oberon*), Félicien David (*le Désert*), Ant. Rubinstein (quelques romances et morceaux d'opéra), etc. Mais aucun d'eux n'a tiré de cette musique un parti aussi heureux, aussi varié que Glinka.

L'ouverture de *Rousslan* est brillante, pleine de feu ; on sent qu'elle a été écrite d'un jet. Ce qui y frappe le plus, c'est d'abord l'originalité des accords par lesquels elle débute, et qui, sous différents aspects, reparaissent dans la partie du milieu, si fantastique et si pleine de mystère ; ce sont ensuite les deux thèmes principaux de l'ouverture, formant un admirable contraste (le premier est d'une gaieté entraînante, le second d'une grande suavité mélodique) ; enfin, c'est la péroraison en accords puissants et nouveaux, constituant un dessin de basse qui progresse par tons entiers (la gamme de Tchernomor). Après l'ouverture vient l'introduction, — une des pages où le génie de Glinka se révèle avec le plus de puissance, un chef-d'œuvre au sens absolu du mot. Elle contient deux chansons du barde-prophète et un chœur nuptial, entremêlé d'épisodes où figurent des solistes et des coryphées. Dans son ensemble autant que dans ses détails, cette introduction frappe par la largeur du plan général et par les admirables proportions qui y règnent; sa structure est vraiment monumentale. Elle repose sur une phrase d'une grande simplicité, mais travaillée avec une variété si surprenante, que l'auditeur ne se doute pas tout d'abord du rôle d'assise fondamentale qu'elle remplit. Cette introduction est, pour la conception, digne du finale de l'épilogue de *la Vie pour le Tsar*, mais les formes en sont encore plus larges, plus variées, les idées plus abondantes et plus puissantes. — Après un air assez faible de Ludmila, vient un beau quintette, calme et mélodieux. La voix de Ratmir (contralto) se détache avec un poétique relief sur le réseau harmonique formé par les autres parties. Le chœur païen qui suit ce quintette est plein d'originalité, grâce à son rythme de 5/4, à son harmonie, à la façon dont il est instrumenté et aux variations dont le compositeur l'a orné. Le tonnerre retentit.... Ludmila est enlevée par Tchernomor (l'orchestre déroule ici une gamme en tons entiers); la lumière s'éteint; consternation générale.... Alors commence un canon à quatre voix, que l'on pourrait prendre pour une des œuvres profondes et mystiques de Beethoven, dans sa dernière manière. Il semble que, si souvent qu'on entende ce canon, l'effet saisissant produit par ses magnifiques combinaisons harmoniques ne saurait s'atténuer. Le finale est beau, mais inférieur à ce qui l'a précédé. Entre autres remarques critiques, disons que la partie du contralto n'y est pas habilement écrite et que les voix graves l'écrasent.

Pour thème de la ballade de Finn, par laquelle commence le second acte, Glinka a pris une assez pauvre chanson finnoise; mais la riche fantaisie de l'auteur et l'orchestration variée dont il revêt cette mélodie, en font une véritable suite de tableaux: ce sont des bergers, des héros, des magiciens; puis le ridicule amour de la vieille Naïna, contrastant avec le tendre et chaste souvenir qu'a gardé Finn de la belle Naïna des anciens jours. Tout cela est reproduit avec une égale perfection. A la ballade succède un duo entre Finn et Rousslan, très court, mais gracieux et fraîchement coloré. La scène entre Naïna et Farlaff est remarquable par la finesse du comique dont sont relevées la poltronnerie et la hâblerie de ce dernier, ainsi que par la manière originale dont est tracé le caractère de la vieille magicienne. Le rondo, comme nous l'avons dit, est très musical, mais dans la manière italienne; il se chante au pas de course, les syllabes se précipitant les unes sur les autres. L'andante de l'air de Rousslan est un beau cantabile; il est suivi d'un allegro qui n'est guère réussi. Le récit que chante la tête colossale a aussi certains défauts : c'est, en partie, assez nouveau, mais, dans l'ensemble, le morceau est monotone, et l'on y remarque une certaine exagération d'expression.

Le troisième acte commence par un ravissant chœur de femmes, une mélodie persane à variations, dont une des plus séduisantes est celle qui module en mineur, avec des triolets de violoncelles formant un point d'orgue. Ensuite vient un air délicieusement entraînant de Gorislawa (ancienne favorite de Ratmir), écrit dans un diapason très élevé et exigeant une voix exceptionnelle. L'andante de l'air de Ratmir rend d'une façon poétique la voluptueuse langueur inspirée par une nuit d'Orient, calme, tiède, aromatique, étoilée. Au milieu du récitatif réunissant l'andante à l'allegro, paraît un thème oriental, un de ceux qu'a placés Félicien David dans *le Désert;* mais David le donne en majeur et l'a harmonisé d'une façon toute primitive, ce qui lui ôte un peu de distinction; Glinka, au contraire, a pris ce thème en mineur, l'a revêtu d'une harmonie pleine de charme et en a fait un morceau où la rêve rie se mêle à la passion :

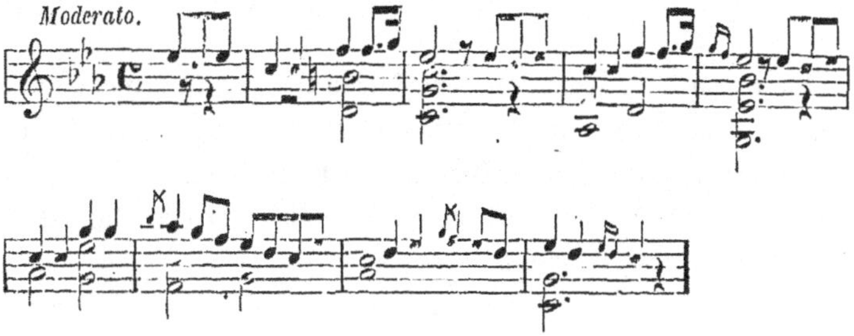

L'allegro de l'air de Ratmir est le cheval de bataille des contraltos russes : ce n'est qu'une valse brillante, d'un rythme original, qui rappelle un peu le caractère oriental; en somme, il ne se distingue par aucune qualité saillante. — On peut encore signaler le petit quatuor final, qui est mélodieux et chantant.

Au quatrième acte, Glinka prête un tout autre caractère à la musique orientale: il crée du comique, du bizarre (la marche et la première partie des danses), quelque chose d'une originalité fraîche et piquante, qui ne peut être rendu par la parole. Il n'est pas moins difficile d'expliquer tous les détails fins et spirituels de l'instrumentation dans cette partie de l'opéra (thème du trio de la marche), de l'harmonie et des contrepoints que l'on y trouve: par exemple, une gamme descendante qui parcourt tout l'orchestre, du haut en bas, sur le thème des danses. Liszt a fait une transcription pour piano de la marche. La seconde partie des danses du quatrième acte est une *lesguinka*, l'incarnation musicale la plus vivante de la passion orientale, indomptée comme un coursier du désert. Le premier thème est construit sur la gamme orientale :

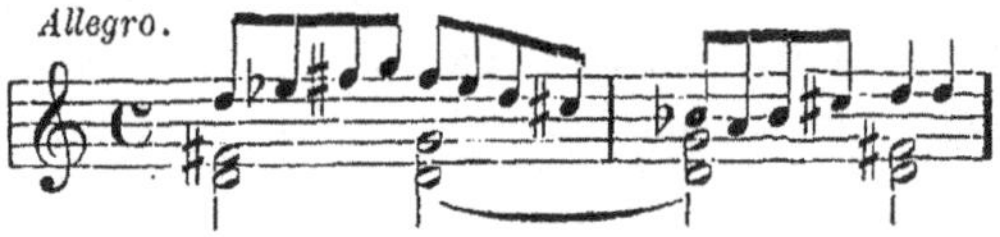

La musique y passe du plus furieux élan aux morbidesses les plus délicates (le trio, thème national d'Orient). La lesguinka est travaillée et développée d'une façon supérieure. De plus, cet acte contient un chœur où l'élément oriental est mis en œuvre avec puissance et éclat : c'est celui qui se chante pendant le combat de Tchernomor et de Rousslan. La gamme en tons entiers de Tchernomor traverse tout le chœur, et lui donne un coloris d'une véhémence sauvage, d'un effet saisissant. N'oublions pas non plus le chœur des « Fleurs harmoniques » du troisième acte. Quel chef-d'œuvre ! Quelles nuances subtiles dans tout ce morceau ! Plongé dans la demi-ivresse de ces sons enchanteurs comme dans une rêverie éthérée, on se demande si un homme les a réellement écrits, et si on n'est pas le jouet d'une vision...

Voici l'énumération des morceaux les plus remarquables qu'offre le cinquième acte : une ravissante romance de Ratmir, dans le style oriental, exprimant des sentiments de touchante tendresse ; un petit chœur, scherzo très éveillé, et le finale, qui couronne d'une façon brillante cet admirable opéra. Il débute par deux chœurs, sombres et désolés, déplorant la mort supposée de Ludmila ; mais bientôt le retour de la jeune princesse à la vie remplit le palais d'une joie exubérante, qui s'épanche en un grand ensemble. Ce finale, qui réunit les accents du Nord à ceux de l'Orient dans une fraternité sans contrainte, et l'introduction du premier acte dont nous avons parlé, peuvent être considérés comme deux frappants tableaux des mœurs de l'ancienne Russie, encore païenne; c'est une base et un faîte dignes du splendide édifice.

Le sort de *Rousslan et Ludmila* a été tout différent de celui de *la Vie pour le Tsar*. Comme la plupart des œuvres dans lesquelles le génie d'un auteur a dépassé de beaucoup les facultés esthétiques de ses contemporains, *Rousslan* n'a pas été apprécié à sa valeur. On le plaisantait même, — on s'y ennuyait. Le sujet, disaient les critiques, n'est guère intéressant; quant à la musique, elle est si étrange, si incompréhensible... On appelait *Rousslan* un « opéra manqué ». Si l'on y allait, ce n'était que pour en admirer la belle mise en scène. Il n'a fallu rien moins que la mort de l'auteur pour que justice fût rendue à ce chef-d'œuvre. N'en a-t-il pas été de même pour les dernières œuvres de Beethoven, et maintenant même, y a-t-il beaucoup d'esprits capables de comprendre et d'aimer ses derniers quatuors, ses dernières sonates, sa seconde messe, sa neuvième symphonie, les sommets les plus élevés de l'art musical? Schumann n'a-t-il pas été aussi longtemps méconnu? Et les symphonies de Berlioz, n'ont-elles pas attendu de longues années leur éclatant succès d'aujourd'hui?

Lorsque, après une interruption de plus de dix années, on reprit *Rousslan*, cet opéra fut accueilli courtoisement, mais sans le moindre enthousiasme. Mais enfin, grâce peut-être aux efforts persévérants d'une partie de la presse musicale, une réaction s'opéra peu à peu, et, actuellement, *Rousslan* est celui de tous les opéras russes auquel on accorde la plus haute valeur; on le loue, on le révère, on s'incline presque devant chacune de ses notes.

Il y a tout lieu de supposer qu'au dehors de la Russie, *Rousslan* serait mieux apprécié et plus goûté que *la Vie pour le Tsar*, et cela pour deux raisons capitales : d'abord, ses qualités musicales sont encore plus manifestes; ensuite, il n'est pas aussi fortement imprégné de l'esprit national russe, et l'Europe occidentale est plus familiarisée avec les nuances de la musique orientale qu'avec le caractère de la mélodie et de l'harmonie russes.

Dans un de ses feuilletons de l'année 1845, Berlioz fait une courte, mais juste appréciation de Glinka. Il signale, dans l'opéra *la Vie pour le Tsar*, certains italianismes russifiés, et montre beaucoup plus d'estime pour la musique de *Rousslan;* il classe Glinka parmi les premiers compositeurs de son époque. En parlant de son orchestre, il dit : « C'est un des orchestres modernes les plus neufs et les plus vivaces qu'on puisse entendre ». De la part d'un maître en l'art d'instrumenter, un tel suffrage est significatif.

Il se peut qu'on taxe d'exagération l'opinion émise sur Glinka au cours de l'analyse que nous venons de faire de ses œuvres ; mais, avant tout, il faut se rappeler que les seules objections qui puissent prétendre à une certaine valeur sont celles qui s'appuient sur une connaissance raisonnée et approfondie du sujet, sur un consciencieux examen de la question discutée : rien n'est dangereux comme de se prononcer à la légère, en bien et surtout en mal, sur ce qu'on connaît à peine.

La partition pour piano de *la Vie pour le Tsar* et celle de *Rousslan* sont publiées avec textes russe et allemand. Il existe aussi une édition italienne du premier de ces ouvrages.

Nous possédons en outre une très belle partition d'orchestre de *Rousslan*, gravée à Leipzig par les soins de la sœur de Glinka, Mme Schestakoff (1). L'édition de la grande partition de *la Vie pour le Tsar* n'est pas encore terminée.

(1) Cette publication est d'un bon marché exceptionnel : elle se compose de deux magnifiques volumes, du prix de 25 roubles.

DARGOMIJSKY

Il existe une grande analogie entre Glinka et Dargomijsky, quant à leur carrière artistique et la position sociale qu'ils occupèrent l'un et l'autre.

Dargomijsky naquit dans un village du gouvernement de Toula, le 2 février 1813; il était d'une famille de riches propriétaires. Tout enfant, on l'amena à Pétersbourg où il reçut, chez ses parents, une brillante instruction. C'est à six ans qu'on commença à lui faire étudier le piano, et à huit le violon. A vingt ans, il était bon pianiste et capable de tenir fort bien une partie de second violon ou d'alto dans un quatuor. Ses études musicales se terminèrent sous la direction de l'excellent musicien Schoberlechner. De très bonne heure il commença à composer des morceaux pour voix et instruments; mais, ayant eu l'occasion de se lier avec Glinka, il se sentit attiré vers un but musical plus élevé et plus sérieux, et entreprit d'écrire un opéra. Son choix se fixa d'abord sur le sujet de *Lucrèce Borgia*. Cependant il ne tarda pas à abandonner sa partition à peine commencée, et choisit définitivement pour libretto l'*Esméralda* de Victor Hugo, qu'il mit en musique sur le texte français du grand poète. En 1839, cet opéra, terminé et traduit en russe, fut soumis à la Direction des théâtres impériaux; pendant huit ans, Dargomijsky n'obtint que des réponses évasives et dilatoires chaque fois qu'il sollicita la mise à la scène de son ouvrage. Ce n'est qu'en 1847 qu'*Esméralda* fut enfin représentée à Moscou. L'année suivante, Dargomijsky présenta à la Direction des théâtres une seconde partition; c'était un opéra-ballet intitulé : *le*

Triomphe de Bacchus. Cette fois, il essuya un refus formel; et cette œuvre ne fut jouée que vingt ans plus tard, à Moscou également, et comme accidentellement. Quant à son troisième opéra, *la Roussalka* (l'Ondine), il fut accepté aussitôt que présenté, en 1856, par cette administration dont il n'avait éprouvé jusqu'alors que l'inexplicable mauvais vouloir.

Dargomijsky ne quitta Pétersbourg qu'à de rares occasions; il n'alla jamais que deux fois à Moscou, et pour peu de temps, à l'époque où l'on y montait ses opéras; il fit deux voyages à l'étranger comme touriste et sans but musical arrêté. En 1869 il mourut à Saint-Pétersbourg, laissant encore un opéra entièrement composé mais non instrumenté, *le Convive de pierre* (Don Juan).

Outre les œuvres lyriques que nous venons de citer, Dargomijsky a écrit plus de cent mélodies, quelques fragments d'un opéra-féerie, *Rogdana*, trois fantaisies comiques pour orchestre : le *Kazatchok*, danse petite-russienne; *Baba-Yaga* (sorte de sorcière qui a pour véhicule un mortier et pour fouet un pilon); ce morceau est aussi intitulé : *Du Volga à Riga;* enfin, une *Fantaisie finnoise*. Il faut encore citer, de sa composition, un charmant morceau pour piano à trois mains : *Tarentelle slave.*

Dargomijsky, comme nous l'avons dit, eut l'avantage de naître, de même que Glinka, dans un milieu où rien ne contraria sa vocation musicale, à laquelle il put obéir sans la préoccupation du pain quotidien. L'un et l'autre purent se dispenser de « faire du métier », de demander leur subsistance au travail artistique. Il faut le dire, d'ailleurs, jusqu'ici il n'y a pas eu, en Russie, de compositeurs vivant de leur plume. L'explication de ce fait est toute naturelle : il serait impossible en Russie, au musicien le mieux doué, voire même à l'homme de génie, de gagner sa vie en composant. Les honoraires insignifiants que peuvent lui accorder les éditeurs, dont la clientèle musicale est des plus restreintes, et les droits d'auteur payés par les trois ou quatre théâtres d'opéra existants dans tout le vaste empire russe, voilà les seuls profits pécuniaires du compositeur : ce n'est pas assez pour empêcher de mourir de faim celui qui n'a pas d'autres ressources.

Si la nature de Glinka nous révèle le musicien proprement dit, plutôt que le compositeur d'opéras, le contraire se manifeste d'une façon très nette chez Dargomijsky. Ce dernier, comme mélodiste, est de beaucoup inférieur à Glinka, dont la mélodie prend toujours un ton naturel et se développe avec la plus grande facilité; en revanche, la phrase courte du récitatif mélodique, d'une spontanéité expressive, est familière à Dargomijsky; il est là sur son terrain et s'y tient solidement. L'accent qu'il sait mettre dans le récitatif est d'une réelle puissance. — A ce propos, qu'on nous permette d'ouvrir une parenthèse. — Une erreur reçue, établie depuis longtemps, n'en est pas moins une erreur. Or, il serait absolument faux de ne considérer comme *mélodie* que ce qui a la tournure d'une cantilène, taillée d'ordinaire sur huit mesures et suivie de la réplique obligée. Toute série de sons contenant un sens musical précis constitue un thème musical, et par conséquent une mélodie, qui peut être très courte de même que très étendue. Par exemple, chacune des phrases des récitatifs et des ariosos de Fidès, dans *le Prophète* (si l'on en excepte le dernier air, dette payée à la virtuosité, et qui fait tache sur le reste de ce beau rôle), vaut infiniment plus que toute une collection volumineuse de cantilènes d'opéras italiens. Dargomijsky excelle précisément dans la création de ces récitatifs mélodiques ; ses phrases, d'une souplesse extraordinaire, ont toutes les variétés d'accent.

Nous le répétons, les phrases courtes, le chatoiement de nuances délicates, le fouillis de détails qu'affectionnait Dargomijsky, sont autant de contrastes avec les formes larges et unies, les grandes conceptions architectoniques du génie de Glinka. Quant à ce qui concerne le coloris musical, Dargomijsky possédait aussi, sans doute, et à un degré élevé, le sentiment du vrai caractère national; mais Glinka puisait bien plus profondément à cette source vitale.

Presque toujours, Dargomijsky crée une harmonie originale, personnelle. Il suffit, pour ceux qui sont tant soit peu familiarisés avec sa musique, d'entendre quelques mesures pour en deviner l'auteur. Mais ses procédés harmoniques ne sont pas toujours exempts de dureté; son style est relevé de modulations qui parfois paraissent forcées; à ces endroits risqués, l'oreille se révolte tant soit peu. Nous pouvons remarquer, à ce point de vue, une certaine affinité entre Dargomijsky et Berlioz, dont le talent d'harmoniste, si original et si plein de nouveauté qu'il soit, laisse désirer, par moments, plus d'élégance et de naturel. Pour sa part, Dargomijsky a aussi créé beaucoup de nouveautés harmoniques, mais toutes ne doivent pas être acceptées sans critique.

Peu inventif dans les contre-points, il se borne généralement aux dessins de gammes ascendantes et descendantes. Il n'avait pas le don des plans symphoniques que possédait Glinka. Ainsi, par exemple, l'ouverture de *la Roussalka* est traitée maladroitement quant à la forme, sans idée arrêtée sur l'ordonnance générale; après l'exposé des premiers thèmes, Dargomijsky est gêné dans ses allures; déconcerté, il ne sait comment se tirer du travail des motifs combinés, des développements mixtes. Sous ce rapport, il présente une grande analogie avec Weber, dont les ouvertures, très brillantes, sont défectueuses quant à la forme. En revanche, une fois sur le terrain de la déclamation, entré en plein drame, tout à l'élément de l'opéra, Dargomijsky s'entendait comme pas un à trouver les moyens les plus propres à rendre les situations et les sentiments avec une rare vérité d'accent. En matière d'opéra, son but unique, sa seule préoccupation, c'est d'être vrai, expressif; aussi revendique-t-il une liberté absolue de formes et de contours. Pour lui, la musique doit avant tout obéir au texte, suivre les différents détails de la scène et s'attacher à l'action du drame. Dans ses opéras, une union parfaite existe entre le texte et la musique; on ne se figure pas l'un détaché de l'autre. Considéré comme musicien dramatique, c'est un penseur profond et un hardi novateur. Grande a été son influence sur la nouvelle école des compositeurs russes, qui lui doit de s'être dégagée des formes routinières qui avaient été si longtemps considérées comme seules possibles.

Dargomijsky est un grand maître pour la déclamation lyrique. Nous serions dans le vrai en disant qu'il rend la pensée poétique avec autant de force et d'accent dans sa langue musicale que le meilleur acteur pourrait en mettre en l'exprimant par. la parole. La phrase musicale suit toutes les inflexions de la parole, les caprices du rythme parlé, les diverses intonations de la voix : autant de moyens pour accroître l'intérêt et la force d'expression du discours. Une déclamation correcte a surtout beaucoup d'importance dans la langue russe, dont la versification est à la fois syllabique et tonique.

En outre, Dargomijsky possède une vraie nature d'humoriste. Sa musique comique est parfaitement conçue ; les caractères de ce genre, dans ses opéras, ont tous un type à eux propre, d'une franche originalité. L'articulation précipitée à la manière italienne, dans les scènes bouffes, ne lui convenant pas, il adopta d'abord le style comique français, aux rythmes alertes, sans négliger de donner aux thèmes un cachet de nationalité russe. Mais il finit par trouver moyen de n'imiter aucun modèle, et émancipa sa verve dans un genre tout à fait personnel : il réussit à traduire en musique le caractère du personnage, mettant de l'*humour* dans la phrase musicale elle-même, ainsi que dans les détails de l'harmonie et de l'instrumentation.

Il ne faut pas trop épiloguer sur les détails d'orchestration des œuvres de Dargomijsky : sous ce rapport, son travail est parfois lourd et massif, comme dans certaines partitions de Schumann, où les instruments à vent viennent, sans nécessité, doubler les instruments à cordes, ce qui ne manque pas de nuire à la transparence de la sonorité et à la variété des timbres. Bref, ce n'est pas l'orchestre qui rehausse la valeur et l'effet de ses opéras.

Le Triomphe de Bacchus, opéra-ballet en un acte, contenant çà et là des parties réussies et assez originales, n'est point au demeurant une œuvre d'un mérite sérieux. Cet ouvrage a d'ailleurs contre lui son genre même ; peut-on admettre, en bonne esthétique théâtrale, une œuvre dans laquelle une part égale est dévolue à l'opéra proprement dit et au ballet, où ni les amateurs de musique dramatique, ni ceux de musique chorégraphique ne trouvent leur compte et sont exposés à bâiller, à tour de rôle, pendant toute une moitié du spectacle ?

Quant aux trois opéras suivants de Dargomijsky, ce sont autant de pas gigantesques vers l'idéal dramatique. Nous n'entrerons pas dans le détail d'*Esméralda*, qui, en somme, n'est qu'une œuvre de jeunesse, écrite sur un texte étranger et calquée plus ou moins sur certains modèles d'opéras français (ceux de Halévy surtout, car Dargomijsky avait ce compositeur en grande estime). Notons seulement en passant que, même dans cette œuvre, évidemment faible, se rencontrent par échappées des pages pleines de talent et d'originalité, comme, par exemple, le « Cortège du Pape des fous » ; remarquons-y également une excellente disposition des parties vocales. Dargomijsky n'était pas moins habile que Glinka dans l'art d'écrire pour la voix ; peut-être même, dans certains cas, le surpasse-t-il à cet égard. Il est à propos de remarquer ici que Dargomijsky, avec sa misérable petite voix de compositeur, au timbre glapissant, était un chanteur de premier ordre ; avec des moyens naturels aussi pauvres, il savait produire un effet irrésistible sur son auditoire, tant il mettait de vérité dans sa diction, d'expression et d'énergie dans son chant. Glinka et Dargomijsky affectionnaient le chant; ils s'entouraient de chanteurs, prenaient volontiers à tâche de perfectionner la voix des cantatrices, et ont formé de la sorte un bon nombre d'artistes-amateurs très remarquables, sans parler de l'influence salutaire qu'ils ont eue sur les artistes des scènes théâtrales.

Le sujet de *la Roussalka* (l'Ondine) est dramatique, avec une certaine dose de fantastique. Il est tiré du poème bien connu de Pouchkine. Quelques changements ont dû être pratiqués dans ces scènes dramatiques, pour passer dans un opéra ; des chœurs et des danses (1) y ont été ajoutés, mais tout ce qui pouvait être conservé est resté intact, de sorte que la plus grande partie des vers splendides du grand poète n'ont point été altérés dans le travail d'appropriation à la scène lyrique.

Voici une brève analyse du libretto.

Natacha (Nathalie), la fille unique d'un vieux meunier, a écouté les propos séducteurs d'un prince ; celui-ci, las de sa liaison et décidé à se marier, se flatte d'acheter par de riches cadeaux la résignation de Natacha. Sans s'arrêter à ses larmes, à l'imminence de son déshonneur, qui sera bientôt public, il la quitte en lui laissant un sac plein d'or et un riche collier de perles. Natacha, atterrée, écoute à peine les exclamations joyeuses de son père, rentré bientôt après et que tant de richesses éblouissent ; dans un accès de désespoir, elle arrache le collier et le jette à terre, accable de sanglants reproches le cupide vieillard et va se jeter dans le Dniepr.

Le deuxième acte est entièrement consacré aux fêtes qui accompagnent le mariage du prince. Ces réjouissances sont

---

(1) Si nous nous sommes prononcé plus haut contre l'amalgame de l'opéra avec le ballet, nous n'avons nullement entendu proscrire l'emploi de la chorégraphie dans l'opéra ; mais elle ne doit y figurer qu'en petite proportion, et elle est surtout à sa place quand elle se compose de danses caractéristiques et nationales.

troublées par deux fois : d'abord par un chant de Natacha, déjà ondine, et plus tard par le cri suprême et déchirant qu'elle pousse.

Au troisième acte, le temps a marché, et la tristesse habite le palais ; de longues et fréquentes absences du prince navrent le cœur de son épouse. Nous le voyons bientôt errer près du moulin, délabré et solitaire maintenant. Des ondines quittent la rivière et chantent en dansant ; elles disparaissent à son approche. Le meunier, que le suicide de sa fille a privé de la raison, le rejoint, et, dans un langage bizarre et sans suite, il le convie aux noces de Natacha, *l'ondine*. Le prince essaie de décider le malheureux vieillard à le suivre, il le tirera de la misère profonde qui est devenue son lot. Peine perdue ; le meunier se redresse soudain et retrouve une sauvage énergie pour se précipiter sur l'homme qui a perdu sa fille ; c'est à grand'peine que des chasseurs, survenant, arrachent le prince à ses terribles étreintes.

Le quatrième acte nous transporte dans les demeures aquatiques des *roussalkas*, dont Natacha est devenue la reine. Une petite ondine, la fille de Natacha et du prince, est dépêchée à celui-ci pour l'attirer sous les eaux : « Viens, lui dit-elle, c'est ma mère qui t'appelle ! » Sans hésiter, le prince la suit, il va lui obéir, quand apparaissent d'un côté le meunier, de l'autre la princesse, qui s'attache à lui avec l'énergie du désespoir et s'efforce de le retenir. A ce moment Natacha, resplendissante de lumière, se détache sur le fond sombre de l'horizon et chante un appel à celui qui l'aima. C'en est fait : tandis que le meunier écarte la princesse, on voit le prince se précipiter dans le Dniepr, précédé de la jeune ondine. Une courte apothéose suit ce tragique dénouement : au fond du Dniepr, au milieu d'un cercle d'ondines, se dresse un trône sur lequel on aperçoit Natacha tenant le prince enlacé dans ses bras.

Ainsi qu'on en peut juger, *la Roussalka* réunit l'élément dramatique à la couleur fantastique; ce sujet peut être considéré comme excellent pour la scène lyrique, dans son ensemble et dans ses détails. Il ne faut point oublier d'ailleurs que ce poème n'est pas, du moins pour la plus grande partie, l'œuvre d'un librettiste quelconque, soumis aux caprices du compositeur, mais bien l'une des créations les plus admirées du plus grand poète qu'ait eu la Russie.

Toute la partie fantastique (à l'exception d'une scène dont nous parlerons tout à l'heure) est à peu près manquée dans l'opéra de Dargomijsky. Pour réussir dans ce genre, il ne possédait pas suffisamment ni l'art de l'orchestre, ni le don de cette harmonie subtile et poétique qui aident l'imagination à croire au surnaturel, ne fût-ce que pendant quelques instants. Les chœurs et les danses des ondines, l'air de Natacha, sans être de mauvaise musique, n'ont rien de remarquable, et surtout rien de fantastique. C'est que Dargomijsky était, — disons-le bien, — l'incarnation du réalisme en musique, dans l'acception la plus élevée du mot, il est vrai. De toutes les scènes fantastiques de cet opéra, une seule lui a parfaitement réussi : c'est celle où Natacha apparaît dans une auréole, au dernier acte, et appelle à elle son ancien amant. Cette scène, courte, mais capitale, est en musique d'un charme et d'une séduction irrésistibles. L'harmonie et, cette fois, le coloris de l'instrumentation prêtent à cette page, si poétiquement inspirée, les rayonnements d'une beauté mystique, éthérée.

Sous le rapport dramatique, Dargomijsky atteint à une grande hauteur dans plusieurs scènes de *la Roussalka.* A ce point de vue, la musique de cet opéra se prête à deux subdivisions : le récitatif proprement dit, et, d'après la qualification, généralement adoptée, les morceaux détachés. Le récitatif de Dargomijsky égale ce qui a été fait de plus beau en ce genre. On y chercherait en vain ces lieux communs, ces phrases de convention, uniformes et ennuyeuses que le moindre musicien pourrait facilement improviser. Pour savoir donner à chaque période, à chaque phrase, le sens musical qui s'y adapte le mieux, pour trouver l'accent mélodique propre à chaque caractère, il faut de hautes facultés spéciales, que Dargomijsky possédait. Chez lui, tous les mots du texte, tous les détails du drame sont comme fondus d'une pièce avec la musique. Il est à présumer que ni le temps, ni l'oubli n'atteindront aucun de ces récitatifs mélodiques, aucune de ces phrases accentuées avec tant de vérité, car la vérité ne vieillit pas.

Certains épisodes du duo entre Valentine et Raoul, dans *les Huguenots*, plusieurs endroits pathétiques et pleins de noblesse dans les ariosos du *Prophète* ont, au fond, une assez grande conformité avec les récitatifs mélodiques dont nous parlons. C'est qu'il n'y a réellement pas d'autres moyens artistiques de traiter les fortes situations du drame, les grandes passions, les mouvements violents de l'âme, les passages soudains d'un sentiment à un autre. Que faire, en pareil cas, des cantilènes, de l'ordonnance correcte des phrases, de leurs formes régulières, en un mot, de toute la vieille orthodoxie musicale, exclusive et intolérante ?

Les scènes les plus dramatiques, les plus émouvantes de *la Roussalka* (scène de Natacha avec le prince, de Natacha avec son père, celle de la folie du meunier) sont écrites d'un bout à l'autre dans le style du récitatif mélodique ; l'inspiration la plus vraie les a dictées. Dans cette partie de son œuvre, Dargomijsky s'est élevé au niveau des grands maîtres de la musique dramatique.

Cependant, tout en créant ces magnifiques récitatifs, tout en sentant la haute portée et même la nécessité de ce style dans les scènes dramatiques, Dargomijsky n'a pu se décider, dans *la Roussalka*, à briser tout à fait avec les anciens errements mélodiques. A côté du grand récitatif expressif, il réserve une place voyante aux mélodies et aux formes *académiques*. Il fait, comme tous ses prédécesseurs, des airs, des duos, des trios, des scènes d'ensemble ; mais c'est là que se révèle son infériorité. Nous ne voulons cependant pas dire que tout ce qui, dans *la Roussalka*, est coulé dans le moule ordinaire, n'ait aucune valeur ; il y a encore plus d'une bonne page dans cette partie où le compositeur n'a pas mis son cachet personnel. Au premier acte nous citerons trois chœurs de paysans, parfaitement réussis, et gardant strictement le caractère national. Le premier de ces chœurs, le meilleur des trois, débute par une phrase de solo, accompagnée d'un hautbois. Au milieu du chœur est amené, sans interruption, avec une grande habileté et un naturel parfait, le dialogue du meunier avec des groupes de jeunes filles. Plus loin, dans le même acte et précédant le finale, nous trouvons un autre charmant petit chœur de paysans : on l'entend venir de loin, il se rapproche graduellement et est accompagné par les violons en *tremolo* à l'unisson. Le deuxième acte débute par un chœur nuptial d'une allure large et pompeuse, ce qui est assez rare chez Dargomijsky, car ce genre ne lui réussissait guère (1). Au troisième acte nous trouvons une ravissante cavatine du prince. Elle a une certaine parenté, pour le caractère et le coloris, avec l'air de ténor du *Faust* de Gounod; mais elle est moins longue, et surtout elle a plus de valeur intrinsèque. La cantilène *adagio* du duo entre le prince et le meunier est aussi une page vraiment réussie.

Mais nous le répétons : malgré les qualités de ces morceaux isolés, c'est en dehors des parties conçues dans la forme usuelle de l'opéra qu'il faut chercher le mérite de *la Roussalka*.

Quelques mots maintenant des rôles comiques, qui sont tous

---

(1) Il y a encore dans cet acte un grand chœur à 3/4, très faible et très pâle. Ce chœur a été exécuté aux concerts russes du Trocadéro, en 1878. Je ne saurais expliquer l'étrangeté de ce choix déplorable.

traités avec une réelle supériorité. L'opéra compte trois caractères de ce genre : le premier est celui du meunier, jusqu'à l'instant de la catastrophe, lorsqu'il n'est encore mû que par des instincts de cupidité ; le second, celui du compère, type populaire, et le troisième celui de la suivante de la princesse. Des trois rôles, le moins bien venu est celui du meunier ; quoiqu'il soit conduit avec plus d'indépendance que celui de Farlaff dans *Rousslan*, on y retrouve un peu trop la manière française et la partie vocale, presque constamment en mesure à 2/4, fait que le personnage est trop souvent autre chose qu'un meunier *russe*. Ce rôle est bien plus vrai et bien plus senti dans le reste de l'ouvrage, lorsqu'il n'appartient plus qu'au drame. Les deux autres personnages comiques sont excellents. Olga, la compagne de la princesse, est le type de la gaieté gracieuse : nous n'avons qu'à nous rappeler la délicieuse chansonnette qu'elle chante pour tâcher d'égayer sa maîtresse. Le compère marieur, plein d'enjouement et d'esprit, a bien la physionomie russe. Il existe, dans tout le répertoire, peu de rôles comiques aussi achevés que celui-là ; il est vraiment pris sur nature.

Pour nous résumer, disons que les deux mérites essentiels par lesquels se recommande *la Roussalka* sont le récitatif mélodique, qui y tient une si large et si belle place, et la partie comique, tracée d'une main si sûre et si légère. Le public se comporta envers *la Roussalka* de la même façon qu'à l'égard de *Rousslan*. Ce fut d'abord une indifférence glaciale, et même un dédain marqué. Il ne faut pas oublier d'ailleurs que, dans cet opéra, tout ce qui est en dehors du sentiment dramatique traduit par le récitatif expressif, trop nouveau alors pour le public, manque de relief et d'éclat. Mais plus tard, une réaction se fit ; on montra de l'intérêt, puis de l'admiration pour cette œuvre. Actuellement, *la Roussalka* ne quitte plus le répertoire. Elle a déjà largement dépassé le chiffre de cent cinquante représentations.

***

Dans son dernier opéra, *le Convive de pierre* (sujet de *Don Juan*), Dargomijsky a rompu tout à fait avec l'ancienne routine. Aux prises avec un sujet contenant de puissants éléments dramatiques, il s'est exclusivement attaché cette fois au récitatif mélodique. L'opéra tout entier est conçu dans ce style. L'analyse critique de cette œuvre trouvera sa place dans le chapitre qui traitera de la nouvelle école russe. En attendant, qu'il suffise de dire que l'œuvre la plus mûre, la plus saillante, la plus caractéristique de cette nouvelle école d'opéra est assurément *le Convive de pierre*.

Dargomijsky suit immédiatement Glinka comme fondateur de l'école russe. Le génie de Glinka n'aurait pas suffi à cette tâche ; ils se complètent l'un par l'autre. Glinka possédait à un haut degré la conception des formes symphoniques ; ses puissants instincts lyriques lui dictaient des chants larges et expressifs. Dargomijsky est, avant tout, le compositeur vocal par excellence. Dramaturge s'inspirant de la vérité absolue, il y puise le don de remuer profondément l'âme. C'est à lui, au maître déclamateur, que revient tout l'honneur de cette grande innovation, sur laquelle nous avons tant insisté, le récitatif mélodique. Un opéra en collaboration, dont Glinka aurait écrit les parties symphoniques et lyriques, et Dargomijsky les rôles dramatiques et comiques, serait certainement la réalisation d'un bel idéal. En tous cas, ayant sous plus d'un rapport fait progresser sensiblement l'art moderne, — Dargomijsky s'est assuré une place d'honneur dans les annales de la musique.

DÜTCH. — SÉROFF.

Avant de parler du musicien qui occupe le troisième rang dans l'ancienne école lyrique russe, d'Alexandre Séroff — qui, disons-le tout de suite, est loin d'avoir dans l'histoire de l'art de son pays la haute importance de ses deux prédécesseurs Glinka et Dargomijsky, — il sera à propos de nous arrêter un moment à la figure sympathique du compositeur Dütch.

La Russie n'était que le pays d'adoption de Dütch, né à Copenhague; il vint s'établir à Pétersbourg en 1848 et y mourut en 1863. Il avait été élève de Mendelssohn au Conservatoire de Leipzig. Pendant tout le cours de sa vie laborieuse, il n'éprouva que déboires et chagrins, qu'insuccès et déceptions. Il fut obligé, pour vivre, tantôt de se faire chef d'une harmonie militaire, tantôt de conduire l'orchestre d'un jardin public. D'incessants déplacements, un travail hors de proportion avec ses forces, la misère enfin se réunirent pour entraver le développement de sa carrière de compositeur, ébranlèrent en même temps sa santé et hâtèrent sa mort.

En 1860, le public de Saint-Pétersbourg fit connaissance avec son opéra *la Croate*, qui n'eut que sept représentations. Ce n'est pas là sans doute une chute décisive au théâtre russe : les opéras qui tombent pour ne plus se relever ne sont pas joués plus de trois fois. Cependant, il faut bien convenir que c'est un insuccès; et on ne peut que le regretter, car il y a dans cet ouvrage les preuves d'un talent remarquable. A la vérité, on peut reprocher à Dütch une absence assez fréquente d'originalité, de personnalité musicale : sous le rapport de la forme, *la Croate* est écrite plus ou moins sur des modèles universellement connus ; à certaines pages il n'est pas difficile de reconnaître tantôt l'influence de Meyerbeer, tantôt celle de Mendelssohn ; plusieurs thèmes sont empruntés aux rapsodies hongroises de Fr. Liszt. Nonobstant ces réminiscences, il est impossible de méconnaître les belles qualités de cette œuvre, l'entrain, l'esprit vivace qui courent d'un bout à l'autre de la partition, le bon goût, la saine conception artistique qui a présidé à son ordonnance, le charme séduisant de sa brillante orchestration.

Sommes-nous donc gâtés par le nombre des bons opéras au point de dédaigner de compter avec une œuvre d'un incontestable mérite ? L'originalité n'appartient qu'aux talents de premier ordre ; à côté de ceux-là, on peut encore saluer l'apparition de ces maîtres moins hautement doués, mais qui réunissent les qualités du goût, du talent et de l'inspiration à une grande habileté de main. Un opéra dont la musique est bonne, absolument parlant, manquât-il de réelle originalité, n'en est pas moins une précieuse rareté parmi les innombrables modèles d'ignorance et de trivialité de l'école italienne, parmi la quantité d'opéras allemands marqués du sceau de l'impuissance et de la stérilité, et d'opéras français dont les thèmes aux rythmes dansants frisent le style du vaudeville.

Le talent de Dütch n'est certainement pas de nature à être divinisé ; son opéra n'a point fait progresser l'art lyrique ; mais s'obstiner à ignorer cette œuvre charmante, c'est faire preuve de parti-pris. Elle ne méritait point le dédain du public, elle mérite encore moins l'ostracisme des musiciens.

***

Arrivons à Séroff. Ce qu'il faut tout d'abord remarquer chez ce musicien, c'est qu'il n'embrassa la carrière du compositeur que très tard, dans son âge mûr.

Il naquit à Saint-Pétersbourg en 1820. A l'âge où d'ordinaire un enfant ne manifeste aucune aptitude prononcée, il faisait preuve d'une mémoire surprenante, d'une grande sagacité et d'une prodigieuse facilité pour l'étude; seule, la musique n'avait pas encore grand attrait pour lui. En toutes choses élève excellent, il avait un goût prédominant pour les sciences naturelles, ce qui, à l'âge de onze ans, lui suggéra l'idée d'acheter sur ses petites économies les œuvres complètes de Buffon. Il fit ses études à l'École de droit et quitta cet établissement en 1840, après y avoir obtenu une médaille d'honneur. Malgré les avantages que pouvait lui valoir une brillante sortie du collège, malgré les prières réitérées de son père, Séroff se refusa longtemps à embrasser la carrière du service. La musique commençait déjà à exercer sur lui son charme irrésistible. C'est contre son gré qu'il prit un emploi; ce qui ne l'empêcha pas de devenir avec le temps conseiller d'État actuel.

Le piano et le violoncelle furent ses instruments de prédilection, et il les étudia assidûment. A quinze ans, la musique devint pour lui une occupation sérieuse ; il se prit alors de passion pour l'opéra. Rentré chez lui après l'audition d'une œuvre, il en déchiffrait la partition au piano. Ce penchant pour la musique, croissant de jour en jour, finit par devenir un impérieux besoin. Impatient de connaître la partie scientifique de l'art musical, il se plongeait avec avidité dans la lecture d'ouvrages théoriques. Mais ces connaissances spéculatives, acquises un peu au hasard et sans l'aide d'un guide expérimenté, ne pouvaient le satisfaire complètement. Il tira beaucoup plus de profit de la lecture des partitions d'orchestre, ainsi que des transcriptions qu'il en faisait à deux, quatre et même à huit mains, et de l'étude des quatuors et des sonates de Beethoven.

Il fit ses premières armes comme critique musical en 1851. Nous verrons plus loin, dans un chapitre spécial, ce qui en résulta.

Ce n'est que plusieurs années plus tard, en 1860, que s'éveilla en lui la puissance créatrice. Jusque-là, ses essais de composition n'offrent rien d'intéressant; quelques fragments d'un opéra resté inachevé, *la Nuit de mai* (d'après un conte petit-russien de Gogol), ne dénotent en somme qu'un épanouissement rudimentaire de la pensée; ce ne sont que des ébauches pâles et indécises. La quarantième année fut une époque décisive dans sa vie.

Pendant l'hiver de 1860, Séroff assista aux triomphes de Mme Ristori dans le rôle de *Judith.* Subjugué par le talent de la grande artiste, il vit dans le sujet de ce drame un canevas excellent pour la scène lyrique; il se mit à l'œuvre avec ardeur, et, en 1863, son opéra *Judith* était représenté pour la première fois sur la scène de l'Opéra russe à Saint-Pétersbourg. Le second opéra de Séroff, *Rognéda*, fut donné en 1865; quant au troisième, *la Force maligne,* le temps manqua au compositeur pour y mettre la dernière main : le dernier acte est resté non instrumenté. C'est donc une œuvre posthume, qui ne fut mise à la scène qu'en 1871.

Séroff fit de fréquents voyages à l'étranger; il y connut intimement, entre autres artistes, Liszt et surtout Wagner.

Séroff est, nous l'avons dit, un talent de second ordre. Il ne se distingue pas par une grande originalité. Si l'on réduisait son développement intellectuel et artistique au degré élémentaire de culture de la majeure partie des compositeurs italiens, qu'en résulterait-il? Il n'aurait peut-être laissé aucune trace dans l'histoire de l'art; de même, il n'existerait aucune critique sérieuse de ses œuvres. Mais Séroff était un penseur cultivé, un homme d'un esprit distingué, d'une vaste érudition, qui savait tirer le plus grand parti de ses moyens d'invention musicale : c'est ce qui l'a sauvé et de l'infériorité et de l'oubli.

Il est pauvre surtout comme mélodiste; il manque de facilité dans la création des motifs. Dans ses trois opéras réunis, la somme des mélodies ne représente qu'un nombre très restreint de thèmes bien trouvés, d'une vraie valeur musicale. Mais Séroff savait dissimuler cette indigence par une harmonie séduisante et une belle couleur orchestrale. Il possédait à un degré éminent l'art de l'instrumentation; son orchestre est très expressif, souvent nouveau. Pourtant, il a ses défauts, dans ses procédés harmoniques aussi bien que dans ceux de son instrumentation : il s'y montre parfois plutôt hardi et violent que délicat et élégant. Il n'a pas l'instinct de cette finesse de nuances et de contours qui est l'apanage de presque toutes les grandes natures musicales. En général, sa musique a une allure qu'on pourrait comparer, dans la vie sociale, à une assurance quelque peu effrontée. Il semble impatient d'arriver au but, sans préoccupation des meilleurs moyens à rechercher pour l'atteindre. Pour agir immédiatement et fortement sur la masse du public, Séroff ne demande pas à la science musicale ses puissants secrets, au goût ses exquises pudeurs : il se laisse aller à jeter ses couleurs sur la toile à grands coups de brosse et peint non des tableaux, mais de fastueux décors. Seul, l'auditeur léger et superficiel peut être dupe de ces procédés à grand effet. Mais celui qui a le sentiment et le respect de la majesté de l'art, qui y voit la plus haute expression du génie de l'homme, ne se laissera jamais éblouir par ces artifices sans délicatesse ; ils ne tarderont pas à le fatiguer. Meyerbeer aussi recherchait les effets brillants, les beaux dehors; mais quelle différence entre lui et Séroff pour la finesse des nuances, pour le développement musical, pour la solidité du travail!

Quelquefois, Séroff ne craint pas d'aborder le genre de la trivialité la moins déguisée. Par ce mot de *trivialité*, nous n'entendons pas quelque chose d'analogue à la platitude de certaines mélodies à l'italienne, car Séroff était, à tout prendre, un musicien trop *fort* pour déchoir à ce point ; nous voulons dire qu'il ne reculait nullement devant des scènes du plus mauvais goût, où dominent les côtés les plus vils, les plus malsains de la vie du bas peuple ; alors il poussait le réalisme jusqu'à l'imitation plus ou moins exacte des cacophonies qui s'élèvent des bouges où une foule avinée prend ses ébats..... Les orgies d'Holopherne ne lui ont pas suffi ; il a donné sur la scène lyrique un pendant à *l'Assommoir*, quinze ans avant l'avènement de la littérature naturaliste.

En travaillant avec ce sans-gêne, en cultivant le trompe-l'œil avec aussi peu de raffinement, Séroff ne pouvait guère se préoccuper de caractériser avec quelque netteté les différents personnages des drames qu'il traitait. Il avait certainement trop de bon sens pour commettre des fautes grossières, pour prendre un caractère au rebours ; il n'a pas pétri de la même pâte Holopherne et le bouffon du prince Wladimir ; — mais quand il ne s'agit pas de nuances très saillantes, la partie musicale d'un personnage déteint sur celle de l'autre ; les rôles n'ont ni variété, ni contraste, et pourraient être chantés indifféremment par l'un ou par l'autre sans que l'ouvrage y perdît rien. Or, ce qui constitue un des principaux mérites d'un opéra, n'est-ce pas le degré d'habileté que met le compositeur à peindre ses personnages, à s'aider de l'art des sons pour développer leur caractère ? Rappelons-nous l'étonnant relief de chacune des figures du *Freyschütz*. La vérité dans l'expression est devenue une des nécessités de l'œuvre lyrique moderne.

C'est principalement aux scènes de mœurs populaires que Séroff sait donner de la couleur et de la vie. Son intelligence, ses lectures et un avantageux emploi des mélodies nationales l'ont bien servi de ce côté. Toutes les scènes populaires de ses opéras sont d'un coloris vrai et plein de naturel. Dénuées parfois d'intérêt musical, elles n'en sont pas moins d'une justesse de ton qui monte sans peine l'imagination de l'auditeur au diapason du lieu et des épisodes qui se déroulent à ses yeux. Il en résulte que les morceaux les mieux réussis dans les opéras de Séroff sont, en général, les chœurs, les chansons et les danses.

Ce qu'il y a, au contraire, de plus faible dans son talent, c'est le côté dramatique, et surtout le récitatif, qui est chez lui au-dessous de la critique. Ce n'est pas qu'il emploie le ridicule récitatif à l'italienne : il ne se le serait pas permis ; mais cette partie de ses œuvres manque presque toujours de valeur musicale réelle et même de logique. Sans parler de nombreuses fautes de déclamation, telles que la fréquente répétition de certains vers et même de certains mots du texte, ou encore l'arrivée d'une ritournelle qui coupe en deux une phrase, les récitatifs des opéras de Séroff ne sont constitués, pour ainsi dire, que de sons pris au hasard, et relevés par une harmonie non moins aventureuse. Non seulement ils ne représentent aucune suite musicale, aucun dessin mélodique comme les aimaient Glinka et surtout Dargomijsky; mais ils sont fréquemment irrationnels, formés de lambeaux incohérents, d'intervalles bizarres et presque impossibles à chanter. L'effet en est souligné par une série d'accords non moins étranges, se transportant de tonalité en tonalité, sans grammaire ni syntaxe. L'instrumentation de ces accords échappe aussi à la compréhension, leurs notes étant distribuées de façon à ne produire qu'une sorte de râle sans sonorité précise : ce qui est d'autant plus surprenant que Séroff est un maître habile en instrumentation, et que son orchestre est généralement franc, vif et brillant. Mais il affectionne le grave de l'échelle musicale, et dans les accords accompagnant les récitatifs, il emploie de préférence les contre-basses divisées, les bassons, les tubas, les trombones. On peut se figurer l'effet ainsi obtenu. Toutefois son orchestre, même lorsqu'il est le mieux équilibré, manque trop souvent de délicatesse et d'élégance, comme les mélodies elles-mêmes que trouve Séroff et l'harmonie dont il les pare.

Puisque nous sommes sur le chapitre des défauts de Séroff, signalons-en encore un qui est capital. Dans son œuvre lyrique tout entier, on chercherait en vain l'idée mère, la conviction.

Ses opéras manquent complètement de style personnel. En cela il est diamétralement opposé à Wagner, qu'il peut cependant rappeler dans le fond par la pauvreté d'invention mélodique et, en quelque sorte, par l'exubérance harmonique et instrumentale. Wagner l'écrase par sa toute-puissante persistance à poursuivre un but hardi, erroné peut-être, mais parfaitement d'accord avec ses intimes et immuables convictions. Wagner domine complètement Séroff par ce qui manquait totalement à celui-ci, sa religion et sa foi.

Séroff a écrit son premier opéra, *Judith*, en se modelant aussi strictement que possible sur les opéras de Wagner, sans toutefois sacrifier complètement à l'orchestre l'indépendance de la partie vocale, comme le fait le compositeur allemand. Un semblable procédé ne conviendrait jamais à un musicien russe ; Séroff, lui aussi, le considérait comme défectueux. En traitant tout au long *Judith* dans un style sérieux et soutenu, Séroff fait de visibles efforts dans le sens de la vérité expressive. La partition de *Rognéda* accuse, au contraire, un retour aux procédés de l'ancienne routine : rien n'y est ménagé pour aboutir aux effets de *grand spectacle*. Quant à la troisième œuvre dramatique de Séroff, *la Force maligne* (*Vragia Sila*, « la Force ennemie », c'est-à-dire la force de l'ennemi du genre humain, du diable), on y retrouve une tendance très prononcée vers les principes de la nouvelle école lyrique russe : le récitatif y a pris de l'importance, mais, ici comme ailleurs, il ne réussit guère à Séroff. Le compositeur s'efforce également d'y introduire l'intérêt d'un élément nouveau : il s'attache à révéler certains aspects, ignorés à la scène jusque-là, des mœurs populaires.

A tout ce que nous venons de dire, ajoutons que la musique de Séroff n'a que des dehors de vérité et de profondeur ; c'est une musique voyante, toute d'extérieur ; elle ne réussit pas à faire vibrer les cordes intimes de l'âme. Elle peut étonner, éblouir, tout en abasourdissant, mais il ne lui est pas donné de remuer le cœur ni de laisser un durable souvenir dans la pensée. Disons enfin que Séroff n'avait pas le talent d'écrire les parties vocales de manière à en rendre l'exécution facile et sympathique.

***

Après avoir cherché à apprécier le musicien dans son ensemble, entrons maintenant non pas dans le détail, mais dans une analyse très succincte de chacune de ses partitions.

Le sujet de *Judith* offre un champ excellent à l'interprétation musicale. Séroff l'avait bien compris; l'ardeur avec laquelle il entreprit sa tâche le prouve. Son tort a été de délayer le thème biblique dans cinq longs actes (remarquons que ce drame ne comporte que deux personnages principaux), ce qui engendre inévitablement une monotonie très préjudiciable à l'ensemble. Ainsi, au premier acte le peuple juif se lamente, au deuxième également, de même au cinquième; et ce n'est qu'à la fin de l'opéra qu'il a l'occasion de se réjouir. Les Assyriens festoient au troisième acte et puis encore au quatrième.— Une place considérable est assignée dans cet opéra au coloris oriental, réunissant l'élément hébreu et l'élément assyrien. Ces pages ne manquent pas de valeur, quoiqu'elles soient bien distancées par tout ce que Glinka a écrit dans le même genre. Il s'y trouve même plusieurs emprunts à Glinka : ce qui se distingue par le caractère hébraïque procède de la musique du drame *le Prince Kholmsky*, et les morceaux auxquels le compositeur a cherché à donner une physionomie assyrienne sont inspirés du Tchernomor de *Rousslan*.

Ouvrons ici une parenthèse pour préciser le sens que nous attachons à l'expression *emprunt musical*. Il n'est pas admissible qu'un musicien tant soit peu doué s'approprie volontairement les mélodies d'un autre compositeur ; mais un compositeur peut se trouver très naturellement sous l'influence prestigieuse d'un talent supérieur au sien. Un travail mystérieux d'assimilation s'opère alors facilement dans l'organisme impressionnable de l'artiste; il se laisse compléter malgré lui, pour ainsi dire, par des effluves poétiques dont il reflète ensuite le coloris dans ses productions.

Il y a dans *Judith* une page superbe : c'est le chant d'Holopherne, d'une couleur sombre, d'un accent sauvage et énergique. A côté de ce morceau digne d'un grand maître, nous pouvons encore en citer un certain nombre d'autres, vraiment réussis : les danses et les chœurs d'odalisques, la marche assyrienne, le chant d'enthousiasme de Judith, rappelant par des procédés harmoniques les combinaisons que Liszt a introduites dans sa transcription de la valse de *Faust*; l'air d'Achior et le récit qu'il fait des cruautés d'Holopherne (Achior est un des chefs secondaires sous les ordres d'Holopherne, dont il est devenu l'ennemi). Il faut encore signaler la fin du premier acte, poétique et finement instrumentée, — ce qui est une rare exception chez Séroff, — dans laquelle l'auteur emploie avec infiniment de goût, les harmonies suivantes :

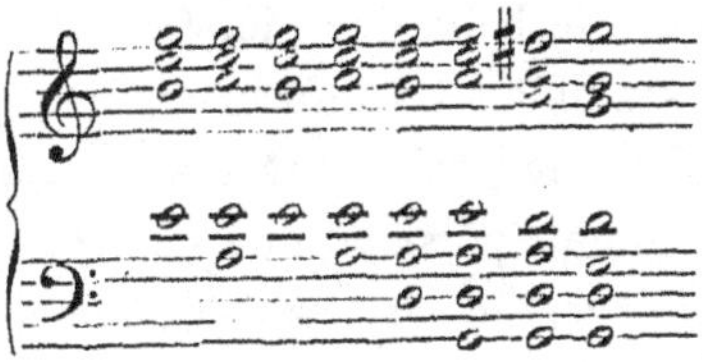

En résumé, on peut dire, à la louange du compositeur, qu'il a cherché dans cette œuvre plus que dans toute autre à observer autant que possible la vérité d'expression ; et il a atteint assez souvent son but. Le style de Séroff dans *Judith* est un reflet de celui de Wagner dans la période de *Lohengrin*.

Le sujet de *Rognéda* appartient à une époque lointaine et assez confuse de l'histoire russe. En voici un bref aperçu. Le prince Wladimir a embrassé le christianisme pour deux motifs; d'abord, parce que le chrétien Ruald, dont Wladimir avait enlevé la fiancée, au lieu d'avoir recours à une vengeance, perd la vie en sauvant celle du prince dans une partie de chasse ; ensuite parce que, conformément à la prédiction d'un pèlerin chrétien, le prince s'éveille à temps, après un rêve étrange, pour éviter la mort que lui préparait Rognéda, son épouse répudiée.

La fable de *Rognéda* n'est pas d'une trame bien riche ; mais, au cours des cinq actes de cet opéra, l'œil et l'esprit du spectateur sont occupés constamment par la grande variété et l'intéressante succession des tableaux. Ce sont d'abord des holocaustes païens, alternant avec des cérémonies chrétiennes; puis un festin, des danses, une chasse, un cortège, un tableau vivant — le sommeil du prince, — un clair de lune, des scènes de bouffons, etc., etc.

La tâche principale que s'est donnée Séroff dans cet opéra a été de faire contraster l'élément païen avec l'élément chrétien. Le premier lui a beaucoup mieux réussi que le second: le grand chœur du sacrifice du premier acte, notamment, est très musical et d'une belle énergie. La musique des scènes chrétiennes est sensiblement inférieure, mais elle ne manque jamais son effet sur le public, grâce à l'exactitude de son coloris, grâce au rythme persistant de sa large cantilène, accompagnée de simples accords parfaits. — Quelques-uns des épisodes de la chasse ont été aussi traités avec succès. La sonnerie des accords en fanfares est originale et d'une belle sonorité. L'air de chasse pour deux voix de basse, accompagné d'un chœur, le tout écrit dans la mesure à sept temps, est plein d'une mâle vigueur. On pourrait citer encore maint passage intéressant dans les chœurs et les danses du second acte. La ballade de Rognéda produit aussi une excellente impression, due surtout à sa brillante instrumentation. Dans son ensemble, cependant, comme nous l'avons dit plus haut, *Rognéda* est un pas fait en arrière, car sa facture appartient au type des anciens opéras, et sa musique est trop souvent grossièrement triviale, surtout dans le rôle entier du bouffon.

Le sujet du troisième opéra de Séroff est, sans contredit, un des plus dramatiques et des plus vivants qui aient sollicité l'inspiration d'un musicien. Il est fourni par une œuvre d'allure toute moderne dont l'auteur est Ostrowsky, le premier des dramaturges russes contemporains. Pas de rôles héroïques : les personnages sont de très simples mortels, des industriels russes, des gens de la bourgeoisie et du peuple; et la scène n'est autre que le vulgaire plancher témoin des péripéties de la vie ordinaire. — Pierre, un riche commerçant, délaisse sa femme et s'éprend d'une jeune fille dont la mère tient une auberge, et auprès de laquelle il se fait passer pour célibataire. La jeune fille, Grounia, l'aime de son côté; mais apprenant qu'il dissimule son état d'homme marié, elle l'accable de sarcasmes et fait la coquette avec d'autres. Pierre, troublé par le désespoir jusqu'à en perdre la raison, se lie avec un mauvais drôle, forgeron de profession, et ivrogne incurable, qui troquerait volontiers son âme contre une cruche d'eau-de-vie. Celui-ci enflamme encore les mauvaises passions de Pierre, qui finit par assassiner sa femme..... — C'est tout le drame. Qu'on mêle à ce scenario simple, mais d'un effet si tragique, la figure du père de Pierre, vieillard religieux jusqu'au fanatisme; celle des parents de la femme, gens humbles, conciliants, qui réunissent leurs efforts pour l'encourager à une entière soumission; le caractère de l'ami de Pierre, Basile (Vassia), être timide, secrètement épris de la femme de son ami et lui découvrant un jour, sous l'influence d'une légère ivresse, le mystère de la passion de Pierre pour une fille d'auberge; qu'on ajoute à tout cela quelques scènes de mœurs populaires, très variées, très mouvementées; qu'on essaie enfin de se figurer, brochant sur le tout, le tableau aux mille scintillements du grand carnaval russe, — cette ruche colossale et bourdonnante, — on aura alors une idée approximative de l'ensemble du poème.

Le choix d'un pareil sujet est à l'honneur de Séroff; quant aux efforts qu'il a faits pour rendre les choses avec vérité, sans fausse honte, sans crainte de rompre avec les vieilles conventions, ils sont assez méritoires pour qu'on doive considérer *la Force maligne*, pour les tendances du moins, comme le meilleur de ses trois opéras. Séroff abandonne ici ses anciennes habitudes, il donne une plus large place au dialogue, au récitatif. — Quant à la partie musicale pure, c'est une autre question, qui se présente sous un double aspect. Il y a à examiner, dans cet opéra, le côté populaire et le côté dramatique proprement dit. Le premier, le moins considérable, ne comprend guère que de petits chœurs et des chansons. Beaucoup de ces morceaux sont assez insignifiants; tous sont écrits dans la forme du couplet, mais ils ont une bonne tournure, un coloris juste, et l'orchestre en est très réussi. La vie du peuple, dans ses différentes phases, y trouve une peinture véridique et vibrante. La mieux venue de ces chansons est celle que chante le forgeron, au deuxième acte ; elle est accompagnée par le chœur. C'est une page écrite avec talent et où l'on trouve de sérieuses qualités musicales.

L'idée conçue par Séroff de mettre en scène le carnaval populaire, au quatrième acte, est une invention puissante. Il l'a réalisée en un tableau aux vastes proportions, plein d'animation et de vie, ayant pour cadre une grande place publique et pour acteurs une foule nombreuse et bariolée. On y voit réunis des moujiks, des marchands, des artisans, des bourgeois endimanchés, de beaux garçons promenant leurs doigts sur les cordes de la balalaïka, des groupes de jeunes filles, coquettes et ardentes au plaisir; des vendeurs ambulants. le marchand de coco, l'homme à la galette, etc.; puis la buvette, les joueurs de fifre et de cornemuse. Voici un malencontreux danseur qui a poussé un peu loin le dédain de la sobriété et qui ébauche vainement, pour la dixième fois, le pas d'une danse trop compliquée pour ses jambes flageolantes; voici les montagnes russes et l'ours conduit avec un anneau passé dans les naseaux. Voici enfin le cortège accompagnant le char monumental du Carnaval; il débouche sur la scène, ayant en tête un groupe de bouffons à masques grotesques. L'un est déguisé en bouc, l'autre en tonneau; un troisième s'est accoutré d'une façon quelconque, la plus drôlatique possible. La pièce centrale du cortège est un traîneau dont le corps, les harnais et les traits sont en paille; il soutient le colosse, couvert d'oripeaux aux couleurs éclatantes, qui personnifie le Carnaval. Le traîneau est suivi d'un défilé de masques, plus burlesques les uns que les autres. De tous côtés et sur tous les tons partent des exclamations bruyantes, des éclats de rires, mêlés aux cris des vendeurs.

Telle est la scène que Séroff s'est donné la tâche de traduire en musique. Le problème était nouveau, intéressant et difficile à résoudre; et il n'a été bien résolu qu'en partie. Ainsi, le cortège du Carnaval conserve, musicalement, tout le pittoresque de son caractère de nationalité. Il est construit sur un thème très court, qui forme la pédale de la basse ou, pour mieux dire, le *cantus firmus*. Outre cet épisode, le plus réussi de tous, on trouve çà et là dans cette scène des motifs heureux, pittoresques, bien harmonisés, et ayant le caractère national. — Mais aussi, que de cacophonies, de sonorités aventureuses viennent assaillir l'oreille sans le moindre scrupule! On peut dire que, dans son ensemble, cette grande scène populaire est d'une facture insuffisante; elle manque d'unité; la musique y fait trop l'effet d'une mosaïque, et le sens artistique de l'auteur est loin d'y être à l'abri de tout reproche. Il faut encore ajouter que Séroff s'arrête avec trop de complaisance et de réalisme sur les scènes ignobles de l'ivresse.

Quelques mots maintenant de la partie dramatique de *la Force maligne*, la plus importante de l'œuvre. Elle est défectueuse à décourager la critique la mieux intentionnée. Là, Séroff a décidément prouvé qu'il était incapable de traiter le drame en musique. Daus aucun de ses opéras, le récitatif n'est aussi abondamment employé; dans aucun, il n'est aussi impuissant à rendre la vérité de la situation et du texte. En résumé, on retire de l'analyse de *la Force maligne* deux convictions tout à fait opposées. La conception mentale de l'œuvre, le but que Séroff s'était proposé d'atteindre, sont d'une grande et haute portée; mais l'édifice musical proprement dit laisse énormément à désirer; et si *la Force maligne* est, quant aux tendances, le meilleur des trois opéras de Séroff, quant à la réalisation purement musicale, c'est assurément le plus faible. Le compositeur s'est mis à l'œuvre d'une main ferme et très hardie; malheureusement, l'intuition du *beau* esthétique semble lui avoir été mesurée avec parcimonie. Nous dirons plus : la musique de *la Force maligne* procède, en général, d'un instinct outré de réalisme, poussé parfois jusqu'à la trivialité la plus accentuée.

Séroff ne saurait prendre rang parmi les compositeurs de premier ordre : nous l'avons déjà dit. Il en est aujourd'hui, en Allemagne, qu'on pourrait placer à son niveau, comme Brahms, Raff et quelques autres : encore Brahms et Raff sont-ils plus foncièrement musiciens que lui. Toutefois Séroff les dépasse tous par la puissance de l'idée et la hauteur de la conception; il est quand même, et nonobstant ses nombreux défauts, l'auteur d'une série d'œuvres qui ont leur signification dans l'art contemporain, leur genre de mérite, leur physionomie et leur individualité.

A proprement parler, Séroff n'a pas beaucoup fait progresser l'opéra russe. Il y a introduit un orchestre très sonore et très brillant, mais bien moins élégant que celui de Glinka; il l'a enrichi de quelques peintures réalistes et caractéristiques de la vie du peuple. Si on ajoute à cela les efforts nombreux qu'il a faits pour se rapprocher de la vérité expressive, tant pour la forme que par le fond (dans *Judith*, en prenant pour modèle l'œuvre de Wagner, et dans *la Force maligne*, en suivant d'aussi près que possible le courant de la nouvelle école russe), on verra que son œuvre mérite considération, et que, parmi les musiciens de second ordre, il a et il conservera une place distinguée dans l'histoire du développement de l'opéra russe.

Ses opéras eurent, dès le début, la destinée favorable qui est presque toujours réservée aux œuvres dites « à effet », d'une valeur relative et ne s'élevant pas au dessus de l'intelligence musicale du public ordinaire : ce fut tout autre chose qu'à l'apparition de *Rousslan* ou de *Roussalka*. — *Rognéda* surtout, l'opéra de Séroff le plus arriéré, où le compositeur fait le plus de concessions à la routine, eut un succès éclatant. Il se trouva des critiques qui, ne conservant plus aucun souvenir de Glinka, virent dans Séroff le fondateur de l'ère véritable de l'opéra russe... La mort de Séroff a amené de grands changements à tout cela. Ses opéras continuent à avoir du succès ; il est à croire que, de longtemps, ils ne quitteront pas le répertoire ; mais les dithyrambes enthousiastes et exagérés se sont calmés, la fièvre laudative des premiers jours est passée, et les prôneurs quand même — s'il y en a encore — se tiennent cois. En un mot, Séroff n'éclipse plus Glinka ni Dargomijsky; il les suit honorablement, mais à distance.

LA NOUVELLE ÉCOLE RUSSE

—

CUI, RIMSKY-KORSAKOFF, MOUSSORGSKY ; *LE CONVIVE DE PIERRE*, DE DARGOMIJSKY

En 1856, deux musiciens, très jeunes et passionnés pour leur art, se rencontrèrent à Saint-Pétersbourg. La capitale de la Russie étant le principal foyer musical et intellectuel du pays, ils y fixèrent définitivement leur résidence. L'un était Balakireff; l'autre, celui qui écrit ces pages. Quelque temps après, Rimsky-Korsakoff, Borodine et Moussorgsky se joignirent à eux, et, peu à peu, il se forma un petit cercle d'amis, qu'avait rapprochés une même et vivace passion pour l'art musical. Que d'intéressantes et instructives causeries firent dès lors le fond de leurs réunions! On passa consciencieusement en revue à peu près toute la littérature musicale existante. La critique avait beau jeu; on discutait sur des questions d'esthétique, les façons personnelles de voir et de sentir s'entre-croisaient, les conférences s'alimentaient de vives analyses, de plans divers, de mille choses qui activent la pensée, mûrissent et développent le goût et tiennent le sens artistique éveillé. C'est ainsi que ce petit cénacle finit par acquérir des convictions arrêtées, par se créer un *criterium* applicable à une foule de questions artistiques, très souvent en dehors des idées courantes de la presse et du public. L'idéal commun aux membres de cette petite confrérie — sous la réserve des aptitudes et de la nature musicale de chacun, — commença bientôt à se dessiner avec netteté, et on s'efforça de le fixer dans les ouvrages.

Ces artistes considéraient à juste titre la musique symphonique comme étant arrivée à son complet développement, grâce à Beethoven, Schumann, Liszt et Berlioz, qui en avaient reculé toutes les limites, y avaient créé des chefs-d'œuvre de variété et d'expression, en l'affranchissant de toute contrainte. Dans ce genre de composition s'était révélée la profondeur de leur génie, la passion entraînante, la splendeur du langage mélodique, allant de pair avec une harmonie d'une richesse intarissable. Les quatre parties traditionnelles, à la façon de Haydn, ne pouvaient plus être une loi. Beethoven introduit le chant et les masses chorales dans sa neuvième symphonie; Schumann, dans sa deuxième, ajoute une cinquième partie; Liszt, dans la série de ses poèmes symphoniques, réunit les épisodes séparés dans un ensemble général et aborde courageusement le genre descriptif de la *musique à programme*; de même Berlioz, tout entier au principe de *l'expression* en musique, peint autant qu'il écrit; il introduit, lui aussi, dans les symphonies des morceaux de musique vocale; nous le voyons, en outre, donner une prépondérance à certains instruments de l'orchestre (l'alto obligé de *Harold*).

Ces puissants musiciens n'ont-ils pas contribué pour leur bonne part à délivrer de toutes entraves l'œuvre symphonique? On pouvait donc supposer raisonnablement qu'aucun moyen ne serait désormais assez nouveau pour aller au delà de ce qui avait déjà été fait dans ce genre, et que les formes symphoniques avaient atteint toute leur perfection.

Il en est autrement pour ce qui concerne l'opéra. La musique dramatique est encore dans un état transitoire; le style des différents genres d'opéra n'est pas encore immuablement établi. Ni le sujet dans son ensemble, ni le texte dans toutes ses parties, ne sont, en général, serrés d'assez près dans la musique vocale. Actuellement l'opéra en est à une troisième évolution, — qui ne sera probablement pas la dernière, — dans sa route vers le but auquel il est directement appelé, et qui consiste à accentuer, à vivifier par des sons musicaux la parole qui traduit la pensée. N'était-ce pas là que tendait l'opéra dès son origine au XVIe siècle ? Si, à une époque aussi reculée, cette tendance a été mal réalisée, faute de moyens suffisants, elle n'en était pas moins sentie, grâce à un juste instinct de l'esthétique musicale et dramatique. — Pour complaire aux chanteurs et flatter la manie du public, trop souvent incapable de goûter les nobles jouissances que procure l'union intime de la poésie avec la musique, les compositeurs abandonnèrent bientôt la voie de la vérité pour celle de l'erreur ; ils ne cherchaient plus à donner à leur musique le caractère du texte choisi, ni à lui faire suivre les mouvements variés de la scène ; ils en vinrent à n'avoir plus pour but que l'agrément de la cantilène mélodique. L'opéra ne fut alors qu'un prétexte à virtuosité vocale. — Vers la fin du XVIIIe siècle, Gluck entreprit, d'une main puissante, de rétablir la musique d'opéra dans ses droits primordiaux, de la ramener dans la voie de l'expression, et surtout de la fixer sur le terrain de la vérité dramatique. Tant qu'il vécut, son idéal grandiose sembla consacré par l'éclatant succès de ses œuvres ; mais après lui, ces belles et simples traditions s'évaporèrent une à une, et Rossini fit de son mieux, — jusqu'à *Guillaume Tell* exclusivement, — pour amener l'opéra à n'être que de la musique de concert, agrémentée de décors et de costumes, en sacrifiant absolument la vérité d'expression aux tours de force de la vocalise, distribuée à tous les rôles indistinctement : au barbier sévillan comme au More de Venise, comme au prophète hébreu. Une réaction cependant se fit sentir : elle s'insinua d'abord par des demi-mesures, prudentes, incomplètes (Weber, Meyerbeer, Glinka dans *la Vie pour le Tsar*, Dargomijsky dans *la Roussalka*) ; puis, changeant brusquement d'allure, elle aboutit à une réforme radicale, où Wagner déploya toute son énergie (le Cycle des Nibelungen) et où les musiciens russes de la nouvelle école, n'ayant pourtant, comme nous le verrons plus loin, que très peu de points de contact avec le novateur allemand, entrèrent, eux aussi, avec tout le courage d'une inébranlable conviction.

La nouvelle école russe prit à tâche de mettre en lumière certains principes de la plus haute importance, dont un des premiers est celui-ci : — *La musique dramatique doit toujours avoir une valeur intrinsèque, comme musique absolue, abstraction faite du texte.* On avait trop longtemps négligé ce principe ; de nos jours même, on est loin de l'observer strictement. Les compositeurs n'ayant pour principale préoccupation que la mélodie pure et la virtuosité vocale, moyens infaillibles de succès, les banalités les plus étonnantes, les plus naïves en même temps, avaient une raison d'être et passaient sans difficulté. Ce qui, dans une composition symphonique, aurait été mis à l'index avec le dédain le mieux justifié, trouvait naturellement sa place dans un opéra. Les Italiens sont hors concours pour leur supériorité en cette affaire. N'aspirant qu'aux succès faciles, fondés sur les fioritures, sur des *si bémol* et des *ut dièse* aigus, se tenant avec le public en communion de mauvais goût et le maintenant dans cet état inculte, il ne leur suffit pas d'abuser des thèmes les plus banals, il leur faut encore étaler ces laideurs dans toute leur nudité, sans même chercher à les atténuer par une harmonie tant soit peu élégante. Les meilleurs parmi ces musiciens ou se répètent l'un l'autre, ou bien se répètent eux-mêmes, comme style, thèmes et harmonies. Par ce moyen, ils ont réussi à faire de leurs opéras une série de jumeaux abâtardis, d'une ressemblance désespérante. Il suffit, pour s'en convaincre, de jeter un coup d'œil sur les trente et quelques opéras italiens de Rossini, sur les soixante-dix et plus de Donizetti. L'un et l'autre n'ont que deux ou trois ouvrages typiques, dont le reste de leurs œuvres n'est que la reproduction plus ou moins faible et pâle. Et même, dans leurs chefs-d'œuvre, que de lieux communs, que de pages insignifiantes et banales!

Chez un grand nombre de compositeurs non italiens, les résultats sont à peu près les mêmes; ils écrivent trop, ils spéculent trop souvent sur les moyens heureux des exécutants, sur le bel et irrésistible effet des décors, sur l'agrément toujours sûr des scènes de ballet. Meyerbeer lui-même, un des plus grands compositeurs dramatiques, ne gagnerait-il pas beaucoup à la suppression des princesses et des reines à roulades dans ses opéras?

La nouvelle école russe envisage la question à un point de vue absolument différent. Selon son principe, rien ne doit détourner la musique d'opéra d'être par elle-même *de vraie et belle musique;* tout ce que l'art musical a de plus séduisant doit s'y rapporter; le charme de l'harmonie, la science du contrepoint, la polyphonie et le coloris de l'orchestre doivent y aller de pair. Un tel précepte peut ne pas paraître d'une application très pratique; il semblerait qu'un temps de repos pris çà et là, à la faveur d'un lieu commun, plus ou moins prolongé selon la circonstance, ferait bien l'affaire de l'auditoire, lui épargnerait la lassitude d'une attention trop soutenue. Non pas! L'école russe ne veut tirer aucun profit de semblables combinaisons, si avantageuses qu'elles paraissent, ni faire de telles concessions. Elle ne changerait à aucun prix son point de vue à cet égard. Elle marche tranquille et fière vers l'idéal qui l'appelle, — cette source vive d'intelligence, d'honnêteté et d'éternelle poésie, — sans se préoccuper de la réussite ou de l'insuccès.

La musique vocale doit être en parfaite concordance avec le sens des paroles. Encore une vérité claire et simple, bonne à répéter, et dont l'application n'est que trop fréquemment négligée. Le texte ne sert pas exclusivement à faciliter l'émission de la voix, car si telle était sa destination, il suffirait d'en prendre un au hasard et de l'accoler à une musique quelconque. Puisque les textes varient, puisque chacun d'eux a un sens particulier, il est de toute nécessité que la partie musicale y soit intelligemment appropriée. Chaque phrase de texte doit avoir son équivalent dans une correcte déclamation musicale. C'est du sens du texte que doit sortir la phrase musicale, les sons étant destinés à compléter l'effet de la parole. Le sentiment psychique peut souvent être exprimé en musique avec plus de profondeur et de puissance qu'il ne pourrait jamais l'être au moyen des mots. Une des propriétés capitales de la musique, c'est de peindre avec des couleurs vives et expressives les mouvements de l'âme, les passions, de communiquer directement et pleinement avec la source de sensibilité du cœur humain; la parole, de son côté, lui crée une signification déterminée, définit en quelque sorte toutes ses aspirations.

Ces convictions, solidement établies sur l'union absolue du texte et de la musique, font que l'école russe ne traite pas la question du poème avec légèreté; les musiciens qui représentent cette école ont, de préférence, recours aux productions des grands poètes. Ils recherchent l'art dans le sujet même, et aspirent à ce que, du texte choisi par eux, il surgisse une nouvelle création qui soit une œuvre d'art dans les deux sens, poétique et musical.

Pour la musique comme pour le livret, *la structure des scènes composant un opéra doit dépendre entièrement de la situation réciproque des personnages, ainsi que du mouvement général de la pièce*. C'est là de la logique élémentaire dont parfois les plus grands compositeurs ne font aucun cas... Dans combien d'opéras ne trouve-t-on pas, sur quelque : *Corriam, fuggiam*, un chœur ou un ensemble qui, ne tenant aucun compte du sens des paroles, perd un temps énorme en scène avant qu'on voie les choristes prendre leur course! Voici encore, dans un opéra quelconque, — on n'a que l'embarras du choix,

— une catastrophe, quelque grave péripétie dramatique : aussitôt les personnages de s'aligner tout le long de la rampe, ayant sur leurs talons le chœur rangé par séries, et d'entamer un morceau très long, sur un mouvement lent et large; le morceau fini, les applaudissements et rappels terminés, la catastrophe reprend son cours. En dépit du bon sens, la musique d'opéra a fini par prendre certains plis automatiques, certaines coupes bizarres. On trouve assez rarement des morceaux d'opéra construits autrement qu'en deux ou trois parties reliées entre elles par des récitatifs du caractère le plus incolore. Voyez s'avancer devant le trou du souffleur ce héros de la scène lyrique, ténor ou baryton. Il va chanter un grand air. Il lui faut faire montre d'abord de son talent déclamatoire : il débute donc par quelques phrases de récitatif. Puis, pour prouver son aptitude au chant large, il attaque un *andante cantabile;* mais il excelle aussi, grâce à Dieu, dans les airs de bravoure, émaillés de fioritures; alors vient nécessairement un *allegro*, à la fin duquel éclate une note presque impossible, haute ou grave, longtemps retenue sur une *fermata...* Quant aux duos, trios, quatuors, etc., ils sont, pour la plupart, taillés sur ce modèle.

La nouvelle école russe comprend toute la fausseté de ces formes immuables et stéréotypées. Elle est convaincue que le développement musical d'un opéra demande une complète indépendance de formes et n'est commandé que par le texte ou par la situation scénique. Une certaine régularité de forme, un travail architectonique savant, émaillé de licences de bon goût, sont admissibles dans un opéra, à la condition d'être bien motivés ; ils peuvent convenir, par exemple, à une marche, à des danses caractéristiques, à une ouverture ou à des entr'actes, morceaux essentiellement symphoniques. Mais ces formes régulières, du domaine de la musique instrumentale pure, ne peuvent raisonnablement cadrer avec des scènes dramatiques et momentanées, là où les thèmes et les rythmes s'altèrent, où des redites et des reprises seraient contraires au sens intime de l'action. Pour ce qui est des motifs d'une grande ampleur ou d'une mélodie soutenue, comme celle d'une cantilène, ils font toujours bien quand ils sont en bonne place, comme par exemple pour exprimer les mouvements lyriques. Mais on peut aussi les modifier en les faisant reparaître par fragments, par échappées, en les remaniant de différentes façons; on peut les rétrécir jusqu'aux phrases courtes du récitatif mélodique. Tout dépend de la marche du sujet; la musique ne doit pas faire route à part et s'abstraire du texte. Un modèle de forme mélodique, si réussi qu'il soit, ne saurait servir à la construction de plusieurs morceaux dans le même opéra, par la raison que, dans une œuvre lyrique, il ne se présente ordinairement pas deux situations complètement semblables, avec un texte offrant la même analogie.

La nouvelle école russe ne rejette nullement les ensembles, ni les chœurs, mais elle veut que les scènes de ce genre soient sérieusement motivées; il ne faut pas que la marche du drame en soit ralentie. Ainsi, les chœurs représentent la foule, le peuple, et non pas seulement les choristes; ils doivent offrir un sens déterminé, rassemblement, émeute, etc., et non s'intercaler entre d'autres morceaux dans le seul but de faire contraste avec eux, ou pour laisser reposer les solistes.

En outre, la nouvelle école russe s'efforce de rendre musicalement *le caractère et le type des personnages* avec tout le relief possible, de modeler, pour ainsi dire, chaque phrase d'un rôle dans un moule individuel et non général; de *caractériser* avec vérité, enfin, *l'époque historique* du drame et de rendre dans son sens poétique autant qu'exact *la couleur locale*, les côtés descriptifs et pittoresques de l'action.

Tous ces principes ont, sans doute, beaucoup d'affinité avec les idées wagnériennes; mais les procédés pour atteindre le même but diffèrent essentiellement entre ces deux écoles. Wagner concentre tout l'intérêt musical sur l'orchestre, jusqu'à n'accorder qu'une importance secondaire à la partie vocale. Pendant qu'il fait exposer le thème par l'orchestre, les personnages de ses opéras n'émettent que des fragments de récitatifs qui, pris séparément, n'ont aucune valeur intrinsèque, ni aucun sens précis. C'est un procédé complètement faux. Les personnages d'un opéra tiennent la scène et ne se bornent pas à compléter l'orchestre; ils prononcent les paroles du texte qui amènent nécessairement la musique ; c'est par eux que l'action existe ; le public les observe et les écoute ; c'est à eux, par conséquent, et non à l'orchestre, que doit être dévolu le principal rôle musical. Grâce à la manière dont Wagner traite — ou plutôt maltraite — la question, c'est l'intérêt de second plan qui prend le dessus ; d'ailleurs, chez lui, l'orchestre et le chant se heurtent, se combattent réciproquement, et l'orchestre finit par tuer le chant. Il semble que Wagner fait tous ses efforts pour amoindrir le rôle musical des personnages de ses œuvres. Au contraire, les musiciens russes réservent aux chanteurs (sauf de rares exceptions) toute la suprématie musicale, toutes les phrases importantes de la partition. Pour eux, les chanteurs sont les véritables interprètes des idées musicales du compositeur. On voit bien par là que la nouvelle école russe procède de Glinka et de Dargomijsky.

Pour marquer le caractère de chaque personnage, Wagner adopte le procédé suivant : il revêt en quelque sorte le chanteur d'une phrase musicale comme d'un habit, qu'il porte partout avec lui et qui annonce chacune de ses entrées en scène. Ce moyen, si simple et si bien approprié à son but qu'il paraisse, ne fait pas beaucoup d'honneur aux héros de Wagner : pourquoi, en effet, sont-ils condamnés à un motif à perpétuité ? pourquoi leur est-il refusé de s'annoncer de diverses manières? Cela rappelle, comme on en a fait la remarque, ces légendes naïves sortant de la bouche des gens, dans les enluminures du moyen âge. Le compositeur russe, lui; n'est pas avare de thèmes pour ses personnages ; il leur en donne autant que les situations lui semblent l'exiger. Il est vrai qu'il se réserve le droit de travailler ces thèmes de différentes façons (changement de rythme, de coloris, d'harmonie, etc.) ; en se développant et se diversifiant, ils ne perdront rien de leur unité et serviront à peindre le caractère du personnage avec toute la souplesse voulue. — Outre ces bouts de phrases orchestrales symbolisant un personnage, Wagner en emploie encore pour exprimer *une idée*, la vengeance, par exemple; ou même un objet inanimé, *le glaive ;* et il suffit du moindre rapport à l'une de ces idées, de la plus légère réminiscence de cet objet, pour que la phrase reparaisse aussitôt comme poussée par un ressort. — Comme si chaque personne ne pouvait pas avoir une opinion toute différente, un sentiment tout autre en envisageant le même sujet ! Il va sans dire que l'école russe ne donne pas dans de pareilles erreurs.

A mesure que la lumière s'opérait dans l'esprit des musiciens composant le petit cercle dont il a été question au début de ce chapitre, à mesure que des convictions stables, lucides, rationnelles se formaient en eux, ils tâchaient de mettre en pratique les principes de leur foi artistique, désormais inébranlable. En peu de temps une série d'opéras, conçus dans ces données, virent le jour; ils furent représentés dans l'ordre suivant : *William Ratcliff* (sujet de H. Heine), César Cui, 1869 ; — *Le Convive de pierre*, Dargomijski, 1872 ; — *La Pskovitaine*, Rimsky-Korsakoff, 1873 ; — *Boris Godounow*, Moussorgsky, 1874 ; — *Angelo* (drame de Victor Hugo), C. Cui, 1876. Le premier et le dernier de ces ouvrages ayant pour auteur celui qui écrit ces lignes, sont naturellement hors de sa compétence ; quant aux autres opéras, il prie le lecteur de le suivre dans le court résumé qu'il va en faire dans les pages suivantes.

LA PSKOVITAINE, OPÉRA DE M. RIMSKY-KORSAKOFF.

Le sujet traité par M. Rimsky-Korsakoff dans son opéra *la Pskovitaine* est tiré des œuvres de Meï, un poète russe de talent et très estimé dans son pays. En voici le canevas. — Ivan le Terrible, venant de soumettre la ville de Novgorod et de la châtier avec la dernière rigueur des énergiques efforts qu'elle avait faits pour conserver son indépendance, se dirige sur Pskow, résolu à continuer ses sanglantes représailles. Le hasard fait qu'il découvre dans cette ville sa fille naturelle Olga, jeune fille de dix-huit ans, issue d'une liaison passagère et dont il ne soupçonnait même pas l'existence. Différents souvenirs attendrissants d'un passé lointain viennent mitiger l'humeur farouche du tzar, qui, dans un élan de magnanimité, accorde l'amnistie à Pskow. Olga aime un jeune homme du pays, nommé Toutcha ; or ce dernier, à qui le tzar est odieux, rassemble quelques hommes intrépides comme lui, et cette poignée de braves pénètre dans le camp et se précipite sur la tente qu'occupe Ivan, dans l'espoir d'enlever Olga qui s'y trouve. Mais la mêlée fait des victimes : Toutcha et sa douce fiancée sont tués. Ivan, dont les sentiments paternels renaissent devant la perte d'Olga, se livre à un profond désespoir.

Le sujet de ce drame est, comme on le voit, peu intrigué, mais d'un puissant effet. Une large place y est réservée aux mouvements populaires, qui revêtent un caractère d'énergie passionnée; la sombre figure d'Ivan répand sur l'ensemble des ombres d'une farouche vigueur. Une situation essentiellement dramatique entre toutes, est celle où Ivan contemple cette jeune fille, sa fille à lui, tandis que celle-ci ignore qu'elle est sous le regard dévorant de son père et n'envisage ce puissant monarque que comme un terrible fléau du peuple, — du peuple dont elle fait partie ainsi que son bien-aimé Toutcha, le jeune et imprudent rebelle. Aux très dramatiques éléments d'action que contient le sujet, s'ajoute encore l'intérêt de la variété résultant du contraste des caractères de second plan ; le noble et généreux boïar Tokmakoff, qui a recueilli et élevé Olga ; le lâche et perfide Matouta, vieillard épris de la jeune héroïne, et enfin, la babillarde mais affectueuse nourrice d'Olga.

La nature du talent de M. Korsakoff rapproche beaucoup ce compositeur de Glinka, en tant qu'artiste adorant l'art pour l'art, la musique pour la musique, et conservant jusque dans l'opéra toutes les qualités du symphoniste. La grande différence qui existe entre eux, c'est que le sentiment des formes venait naturellement à Glinka par l'effet d'une inspiration généreuse ; tout ce qu'il y a de vrai, de saisissant, de nouveau sous le rapport des formes dramatiques dans ses œuvres, lui arrivait sans peine, dicté par son génie ; tandis que dans l'opéra de M. Korsakoff, on reconnaît un travail sagement calculé, médité, fort intéressant d'ailleurs, et cherchant à se mettre d'accord avec les tendances et les principes de la nouvelle école russe.

M. Korsakoff a surtout fait preuve de grandes capacités symphoniques, et *la Pskovitaine* n'est que son coup d'essai à la scène ; de plus, il a abordé un des premiers la voie de la nouvelle école russe ; rien d'étonnant donc à ce que l'œuvre dont nous nous entretenons ne réponde pas complètement à l'idéal que s'est formé cette école. D'ailleurs, les débuts d'une innovation, même offrant toutes les chances d'un avenir sérieux et durable, sont fort difficiles. C'est au temps de mûrir les hommes et les choses : il y a toujours tant à faire avant d'arriver à parfaire !

Apprécions d'abord d'une façon générale l'auteur de *la*

Pskovitaine ; nous entrerons ensuite dans le détail de son opéra.

M. Korsakoff est un compositeur de talent et surtout un excellent musicien. Il n'a pas le don de l'invention et de la fécondité mélodique ; sous ce rapport, l'abondance lui fait défaut, et souvent aussi l'originalité. Les motifs qu'il distribue dans ses ouvrages ne sont, dans bien des cas, que le reflet d'une impression produite sur lui par la musique d'autrui. Ce qui ne veut pas dire qu'il ait jamais recours au plagiat musical, à l'emprunt direct; les ressouvenances auxquelles sa musique donne lieu parfois sont peu accusées, et consistent plutôt dans la *nuance* que dans le *trait;* elles ont été provoquées inconsciemment, mais elles existent. — M. Korsakoff ne crée presque jamais de thèmes mélodiques à large envergure; ses motifs sont d'ordinaire très courts; toutefois, ces phrases brèves sont du meilleur goût et souvent d'un grand charme.

Un des mérites les plus constants de la musique de M. Korsakoff, c'est sa noblesse attrayante et sa belle sonorité. Ses procédés d'harmonie sont presque toujours d'une finesse, d'un à propos et souvent même d'une nouveauté remarquables; il fait preuve d'une étonnante habileté dans l'art du contre-point ; quant à son instrumentation, elle est d'une grande élégance et d'un fin coloris. Son goût est très cultivé, son style très châtié; il n'écrit pas une mesure où l'on puisse signaler une négligence, une vulgarité, une maladresse. Il possède, en un mot, tout ce qui constitue le parfait musicien. Ses défauts sont, comme nous l'avons dit tout à l'heure, une certaine indigence d'inventivité mélodique, une sorte de réverbération des idées d'autrui ; c'est encore une atmosphère de tiédeur enveloppant ses meilleurs écrits, le manque de nerf, l'absence d'élan passionné.

A tout prendre, le talent de M. Korsakoff convient plus au genre symphonique qu'à l'opéra. Souvent l'élaboration d'un thème dans une symphonie, a plus d'importance que le thème lui-même ; il n'en est pas ainsi dans l'opéra, où l'abondance des éléments mélodiques, source de l'expression, doit primer tout le reste. On regrette de ne pas trouver cette condition essentielle suffisamment remplie dans *la Pskovitaine.*

Voici les points qui prêtent le plus à la critique dans la grande partition qui nous occupe. C'est d'abord une couleur beaucoup trop uniforme, résultant de la ressemblance des thèmes entre eux, et même de la façon peu variée dont ils sont traités (presque toujours M. Korsakoff se sert de la forme canonique et du contre-point), ainsi que d'un fréquent emploi de rythmes similaires, et d'une symétrie exagérée dans le dessin et la disposition des phrases mélodiques (abus des séquences binaires, redoublement de chaque phrase musicale : procédé sans doute fort bon pour la clarté d'une composition, mais qui ne laisse pas, à la longue, de devenir monotone et nuit très certainement au caractère de la musique d'opéra). Il y a d'excellents récitatifs dans cet ouvrage, mais un grand nombre aussi pèchent par le principe, c'est-à-dire par un retour aux modèles wagnériens, à ce genre de récitatifs incolores, établis sur quelques notes de l'harmonie, tandis que la principale idée musicale est abandonnée à l'orchestre. On remarque encore de ces arrêts non motivés, morcelant la phrase et ralentissant l'action, — sans parler de l'embarras où de pareilles suspensions mettent les acteurs. Nous ne devons pas omettre non plus de dire que la disposition des parties vocales, dans l'opéra de M. Korsakoff, n'est pas toujours ordonnée avec habileté : les voix sont souvent écrites dans un diapason trop aigu ou trop grave, et il s'y trouve parfois des phrases peu vocales, qui conviendraient plutôt à certains instruments de l'orchestre.

Toutes ces imperfections se font surtout sentir dans les scènes dramatiques de *la Pskovitaine.* Que de fois n'avons-nous pas regretté, en les suivant, l'absence de chaleur vitale, le manque de passion ! — car la régularité combinée de la musique modère, jusqu'à les refroidir, le mouvement et l'action. En somme, quoique l'auteur ait touché d'assez près à la réalisation de presque tous les *desiderata* de l'opéra moderne, il est évident, pour tout esprit attentif, que M. Rimsky-Korsakoff n'est qu'un habile et intelligent compositeur symphonique, musicien d'une grande valeur, qui a voulu plier ses aptitudes aux exigences du drame musical, accoupler les deux genres, sans toutefois chercher à donner la suprématie au drame et à lui assurer une large indépendance.

Les chœurs sont ce que *la Pskovitaine* offre de plus parfait. Ici, le talent de M. Korsakoff prend tout son développement. Les motifs sont traités dans ces morceaux avec une ampleur symphonique qui leur sied fort bien ; le luxe d'une brillante orchestration, de belles proportions, une structure magistrale, leur constituent un ensemble de qualités de premier ordre.

Le *rendu* des caractères n'est pas le moindre mérite de l'œuvre. La figure de Matouta est la mieux esquissée de toutes ; il serait vraiment difficile de mieux exprimer, avec le secours de la musique, toute l'abjection et la couardise de ce personnage. M. Korsakoff a artistement ciselé ce caractère, d'un relief pour ainsi dire palpitant. L'effet de la quinte augmentée lui a été pour cela d'un grand secours. Les couleurs qui ont servi à peindre le farouche Ivan IV sont aussi d'un choix excellent et traduisent avec une sinistre éloquence les sombres pensées de cet esprit malade. La vieille nourrice a également une physionomie musicale très réussie. Que dirons-nous d'Olga? La physionomie donnée par le compositeur à cette jeune fille est trop empreinte, à notre avis, de cette espèce de sensibilité molle, de sensiblerie plutôt, qui est le propre des héroïnes allemandes. Parfois aussi, la poétique création de la *Sainte Elisabeth* de Liszt semble avoir déteint sur le rôle d'Olga.

La musique de *la Pskovitaine* est essentiellement du type

national. A l'exception de certains passages peu nombreux, elle peut dûment être qualifiée de musique *russe*, tant pour la nature des motifs que pour le caractère harmonique. Dans cette partition, l'auteur a souvent eu recours aux thèmes de chansons purement nationales.

Une scène capitale, un vrai chef-d'œuvre, la plus belle de l'opéra, est celle qui remplit le second acte tout entier, acte très court d'ailleurs. Le peuple de Pskow est accouru aux appels de la cloche qui ne résonne que dans les circonstances graves : ces convocations des habitants d'une ville étaient d'usage dans ceux des chefs-lieux de province qui, anciennement, se gouvernaient en république. Dans cette scène, comme par un effet de magie, les défauts reconnus de M. Korsakoff comme compositeur dramatique disparaissent tous sans exception, pour laisser le champ libre aux meilleures qualités de son talent. Le rideau se lève sur le tocsin du beffroi de Pskow : effet artistement inventif d'imitation par l'orchestre. L'intérêt s'éveille dès les premières mesures et, jusqu'à la fin de l'acte, il ne cesse pas d'augmenter; on est dominé par une série de puissants effets musicaux dont l'intensité va toujours en croissant. Tout est réuni dans cette belle scène : vérité, vie, chaleur, mouvement. Si l'on voulait en signaler toutes les parties remarquables, il faudrait citer tout ce qu'elle renferme. Le récit de l'envoyé de Novgorod, qui raconte toutes les sanglantes horreurs dont il vient d'être témoin, est d'une expression saisissante; les poignantes émotions des malheureux Pskovitains, apprenant la chute de Novgorod leur alliée, dont le sort sera le leur, ne sont pas moins bien rendues. Tokmakoff, dans un discours plein de dignité et de noblesse, engage les habitants à recevoir le tsar en sujets soumis, à aller au-devant de lui avec le pain et le sel traditionnels. Toutcha, au contraire, obéissant à la fougue de sa jeunesse aussi imprudente que généreuse, essaie d'entraîner le peuple à une résistance héroïque. Il prêche la lutte acharnée contre l'armée d'Ivan. Ses paroles enfiévrées sont coupées d'exclamations, de murmures, d'approbations. L'agitation populaire atteint son paroxysme. Enfin, l'intrépide milice de Pskow, ayant Toutcha à sa tête, quitte les murs de la ville, et, animée par un sublime chant de guerre, vole à la défense du foyer et de la patrie. Les autres citoyens restent plongés dans la consternation et l'abattement. L'acte s'achève comme il avait commencé, sur la sonnerie sinistre du beffroi.

Cette scène, grandiosement vraie et vivante, ne peut que produire la plus profonde sensation sur l'auditoire. On se sent transporté sur les lieux mêmes de l'action; au lieu d'acteurs et de choristes, on croit avoir les vrais personnages et le peuple sous les yeux. Aucun lieu commun musical, pas de hors-d'œuvre; tout vit, tout marche, tout frémit. Par ces quelques pages seules, *la Pskovitaine* mériterait de figurer avec honneur dans les annales de l'art musical ; elles suffisent pour assurer à toute la partition un rang distingué parmi les meilleures œuvres lyriques.

En dehors de la scène si riche, si étonnante que nous venons d'analyser, il y a dans l'opéra de M. Korsakoff nombre de choses fort belles qui demandent à ne pas être oubliées. Au premier acte, nous trouvons un scherzo gracieux, écrit avec finesse, accompagnant le jeu national du *gorielki* (variété du « cache-cache » français), auquel se livrent les jeunes filles ; — une délicieuse chanson-chœur, empreinte du charme printanier : ce sont ces mêmes jeunes filles qui font la cueillette au verger ; — un conte de fées, dit par la bonne vieille nourrice, morceau caractéristique et absolument original ; — une chanson de Toutcha, tout imprégnée du caractère national : elle se fait entendre dans le lointain, d'abord sans accompagnement ; mais, à mesure que les sons se rapprochent, l'accompagnement devient de plus en plus plein et sonore.

Le troisième acte débute par un chœur d'habitants de Pskow, attendant l'arrivée du terrible monarque. Ce chœur est fort beau ; il dit bien toute la profonde tristesse et l'épouvante que produit l'approche d'Ivan. L'entrée triomphale du tsar, à deux orchestres, est un morceau vraiment splendide. Le thème principal, plein de pompe et de grandeur, prend du développement à mesure que défile le cortège ; de même pour les masses chorales et instrumentales ; le thème change de tonalité à plusieurs reprises, et chaque fois avec plus de solennité, pour se réunir définitivement à une sonnerie de cloches à toute volée.

Au dernier acte, le monologue d'Ivan et la scène entre lui et sa fille Olga sont admirables comme musique, d'un beau caractère, bien mélodiques et nettement dessinés. Ivan a juste la note qui lui convient, puissante et sauvage ; quant à l'harmonie et à l'instrumentation, elles sont d'une nouveauté saisissante, et font aller l'auditeur musicien d'étonnement en étonnement. Ces scènes peuvent entrer en comparaison, comme musique, avec celle qui forme le deuxième acte. Pourquoi faut-il que le compositeur y ait traité le récitatif au rebours du sens musical, en le privant de motifs mélodiques pour les donner à l'orchestre, et ne lui laissant que les notes de l'harmonie concordante ! L'effet que cette partie des scènes aurait pu fournir en est tellement atténué, qu'on s'y intéresse plus à la lecture et à l'exécution avec l'accompagnement de piano que sur la scène, où presque tout disparaît.

Il ne faut pas négliger de citer, enfin, le chœur d'une si belle couleur, quoique incontestablement déplacé, qui termine l'opéra. Il est chanté devant le corps inanimé d'Olga, pendant qu'Ivan se lamente.

Tel est l'opéra de M. Korsakoff : dans son ensemble, œuvre un peu pâle et, comme nous l'avons déjà dit, tant soit peu monotone, mais où l'on découvre aussi de très hautes qualités musicales. Récapitulant en peu de mots les points de notre analyse qui ont fourni la part de l'éloge, nous pouvons dire des chœurs de cet opéra qu'ils sont superbes, que le caractère de Matouta est conduit avec une grande originalité, et que le second acte tout entier est une des plus belles créations musicales qui existent, une scène populaire d'une vérité frappante et d'un effet splendide.

Depuis, M. Korsakoff, a encore écrit et fait représenter un opéra en trois actes, *la Nuit de mai*, de genre moitié comique, moitié fantastique, et dont le sujet est tiré d'une nouvelle de Gogol. C'est un charmant ouvrage, plein d'esprit, de finesse, d'à propos, instrumenté d'une manière incomparable, intéressant d'un bout à l'autre. Mais, au point de vue des thèmes et de la valeur musicale de l'œuvre en général, *la Nuit de mai*, traitant un sujet moins sérieux, cède le pas à *la Pskovitaine*, qui reste l'œuvre dramatique capitale de M. Korsakoff.

BORIS GODOUNOFF, OPÉRA DE M. MOUSSORGSKY.

M. Moussorgsky a trouvé un libretto presque complet dans les scènes dramatiques du *Boris Godounoff* de Pouchkine. Voici, brièvement raconté, le sujet de ce drame historique.

Boris Godounoff, le conseiller intime du tsar Fédor, fils d'Ivan, fait assassiner le jeune Dmitri, frère et unique héritier du souverain. A la mort de Fédor, Godounoff monte sur le trône. Vers cette même époque, un moine novice, répondant au prénom familier de *Grischka* (diminutif de Grégoire), s'évade d'un couvent et se réfugie en Pologne, où il se fait passer pour le défunt tsarewitch Dmitri. Il y est très bien accueilli, car le gouvernement polonais a vite compris tout le profit qui pouvait résulter d'un pareil événement pour le royaume. Le faux Dmitri épouse la fille d'un des premiers magnats. Ayant l'armée polonaise pour lui, il se met à sa tête et la conduit en Moscovie. Sur ces entrefaites, Boris meurt, et le faux Dmitri s'empare pour quelque temps des droits de souverain. — Cette série d'épisodes intéressants, taillés pour ainsi dire dans les parties vives de l'histoire de la Russie au XVIIe siècle, prennent, grâce au génie du grand poète russe, un essor et une force d'expression extraordinaires.

L'œuvre de M. Moussorgsky est donc formée d'une suite de tableaux dont il est à propos de donner ici la nomenclature. — Premier tableau : le peuple, poussé par les agents secrets de Boris, le supplie, quoique à contre-cœur, d'accepter le pouvoir suprême. — Deuxième tableau : le cortège du sacre. — Troisième tableau : une auberge sur la frontière lithuanienne : Grischka, le futur Dmitri, ayant jeté le froc aux orties, se dirige vers la Lithuanie, accompagné de deux vagabonds ; ses deux compagnons de route s'enivrent de leur mieux. Le bailli d'arrondissement, qui a suivi la piste de Grischka, paraît alors et exhibe l'ordre de l'arrêter. Grischka prend la feuille et substitue, en lisant à haute voix, à son propre signalement celui de l'un de ses deux compagnons. Mais celui-ci arrache le mandat des mains de Grischka, en épelle péniblement le contenu et dévoile la ruse ; Grischka n'a que le temps de brandir un couteau qu'il tenait caché et de s'échapper par une fenêtre. Stupeur des assistants, vive agitation. Cette scène est une des créations les plus vivantes de Pouchkine ; elle est admirable de verve, de vivacité, de comique, de couleur locale et de concision. Le texte en a été conservé par M. Moussorgsky presque sans changement. — Quatrième tableau : palais du Kremlin ; entretien de Boris avec ses deux enfants. Il est poursuivi par d'horribles remords ; il apprend l'apparition d'un faux Dmitri..... Obsédé par un trouble incessant, il voit surgir de toutes parts l'ombre de l'enfant royal massacré. — Cinquième tableau : scènes dans les appartements de Marina, la fiancée de Dmitri. On achève de la parer pour un grand bal; elle se berce de rêves ambitieux. Un jésuite vient la trouver, il l'exhorte à tâcher de prendre un puissant ascendant sur le caractère du prétendu tsarewitch : son crédit devra être employé en faveur de la Pologne et de la religion catholique. — Sixième tableau : scène de nuit dans les jardins du château de Mnichek, le père de Marina. A un moment propice, Marina quitte la fête pour aller rejoindre l'amoureux tsarewitch dans les allées silencieuses du jardin. Elle excite le jeune homme à reconquérir ses droits sans plus tarder, car son amour ambitieux ne voit en lui que le futur tsar. — Septième tableau : Boris, dans son palais, est dévoré de fatales appréhensions. Il suit avec avidité le récit qu'on lui fait des vertus miraculeuses attribuées aux dépouilles de l'enfant martyr, le défunt tsarewitch Dmitri; il en est atterré. Se sentant mourir, il veut prendre l'habit religieux, conformément à l'ancien usage adopté par la plupart des princes régnants russes aux approches de la mort. Des chœurs de chantres, le cierge en main, viennent réciter de lugubres litanies. Boris, après un dernier élan d'énergie, tombe foudroyé. — Huitième tableau : clairière dans une forêt. Une foule composée de maraudeurs s'est emparée d'un boyard auquel elle inflige toutes sortes d'humiliations. Un mendiant, simple d'esprit, une sorte d'illuminé, accourt, éperdu, harcelé par un groupe d'enfants; le peuple respecte le don prophétique de ce vieillard. Puis surviennent deux missionnaires; les pillards se ruent sur eux, avec des cris de rage; on va pendre ces deux malheureux aux premières branches d'un arbre, lorsque retentit une fanfare, et soudain l'usurpateur Dmitri paraît à cheval, suivi d'une nombreuse escorte; il met en liberté le boyard et les missionnaires, et, après une digne et affectueuse allocution au peuple, il reprend sa marche, accompagné cette fois de toute la foule. Il ne reste en scène que le mendiant, absorbé dans une mystique contemplation; l'opéra se termine sur les tristes prophéties du vieil illuminé, pronostiquant au peuple d'amères souffrances et d'abondantes larmes.

Ainsi qu'on a pu en juger par l'exposé du plan de cet ouvrage, il ne s'agit pas ici d'un sujet dont les diverses parties, combinées de façon à présenter une suite obligée, découlant l'une de l'autre, répondent dans leur ensemble aux idées d'une stricte unité dramatique. Chaque scène y est indépendante; les rôles, pour la plupart, y sont de passage. Les épisodes que nous voyons se succéder ont nécessairement une certaine connexion entre eux; ils se rapportent tous, plus ou moins, à un fait général, à une action commune; mais l'opéra ne souffrirait pas d'un déplacement de scènes, ni même d'une substitution de certains épisodes secondaires à d'autres. Cela tient à ce que *Boris Godounoff* n'est, à proprement parler, ni un drame, ni un opéra, mais plutôt une chronique musicale, à la manière des chroniques dramatiques de Shakespeare. Chacune des scènes, prise séparément, éveille un sérieux intérêt, qui n'est pourtant pas activé par des antécédents, et qui s'arrête brusquement, sans trait d'union avec la scène qui va suivre. Par ce côté, le texte de *Boris* a une grande analogie avec celui de *Rousslan.*

Des pages entières du texte de *Boris* sont écrites en prose; ce procédé, exigeant de fréquents changements de rythme, peut rendre de vrais services au musicien dans les scènes populaires, où des bouts de phrases, des exclamations partant de côté et d'autre sur différents tons, doivent nécessairement produire un mouvement accidenté et pour ainsi dire tout fortuit. En outre, un libretto entier traité de la sorte serait peut-être préférable au sérieux des petits vers ridiculement rimés qui entrent dans la facture de maints poèmes d'opéra; toutefois, une absence totale de rythme soutenu dans le texte destiné au chant serait gênante pour le compositeur, particulièrement dans les épisodes lyriques, où une certaine régularité dans la construction des phrases mélodiques est presque de rigueur. Ce qui est préférable, en pareil cas, à tout autre genre de texte, c'est le vers non rimé, autrement dit le *vers blanc*. En ce qui regarde la cadence, la prosodie des vers, il ne faut pas oublier qu'il est question ici de vers russes, qui sont non seulement syllabiques, mais encore toniques. Il est incontestablement nécessaire de soumettre le rythme des vers à de fréquentes modifications, selon les changements de situation, ou même pour les faire mieux correspondre au sens intime des paroles.

Chez M. Moussorgsky, la faculté mélodique est d'une grande richesse et d'une remarquable abondance. Les harmonies qu'il trouve sont aussi presque toujours très frappantes et neuves. Et cependant cette nature si largement douée semble par moments, si singulier que cela paraisse à dire, ne pas être absolument musicale, ou bien ne pas appartenir à la catégorie des *sensitifs* en musique. Il y a, en effet, de très grandes lacunes à constater chez lui, à côté de nombreuses et belles qualités. Les formes symphoniques sont tout à fait étrangères à M. Moussorgsky ; travailler ou développer des situations musicales n'est guère son fait; sa modulation est par trop libre, et on dirait, par moments, qu'elle ne procède que du pur hasard; il ne sait pas mettre la continuité voulue dans le tracé des parties d'une mélodie harmonisée, et ces parties prennent souvent, sous sa plume, des aspects impossibles, contre nature, produisant des harmonies qui s'en vont à vau-l'eau et des duretés intolérables. Le sens critique et l'instinct du beau ne se révèlent pas toujours à son entendement; son talent revêt le caractère d'une étonnante sauvagerie, impatiente de tout frein. Et pourtant tous ces impétueux écarts, toutes ces irruptions désordonnées sont d'un jet plantureux, d'une sève généreuse, et constituent à M. Moussorgsky une physionomie parfaitement individuelle et originale.

L'auteur de *Boris Godounoff* est avant tout un compositeur

réaliste, avec tous les bons et les mauvais côtés de cette tendance nouvelle et trop attrayante ; mais dans la musique, encore plus que dans les autres arts, le réalisme a des limites qu'il faut craindre de dépasser, parce que la langue musicale, à cause de son manque de sens défini, se prête peu à le traduire.

M. Moussorgsky est passé maître en déclamation ; il tient, sous ce rapport, le premier rang après Dargomijsky ; mais l'abus immodéré qu'il fait des accents imitatifs dénote malheureusement sa trop grande aptitude à saisir et à rendre les effets extérieurs, au détriment du sens musical. Il en résulte qu'à côté d'un récitatif mélodique des plus admirables, il fait entendre des inflexions de voix pour ainsi dire mécaniques, où les accents et les intonations sont très justement observés, mais où la musique a fort peu à voir.

La musique de M. Moussorgsky est éminemment expressive et descriptive ; nous ne nous ferons cependant pas scrupule d'affirmer qu'il appuie beaucoup trop volontiers sur certains détails tout à fait secondaires. Toujours altéré de réalisme, il abdique souvent toute poésie, tout charme musical, et aboutit alors à un effet de véritable répulsion, où toutes choses apparaissent dans une nudité choquante.

Avec tout cela, et grâce à cette tendance même, M. Moussorgsky n'est pas seulement un musicien tout à fait à part, très original, mais encore il lui a été donné d'explorer des côtés nouveaux, inconnus de l'opéra dramatique moderne. — Ajoutons, pour compléter cet aperçu d'ensemble, que l'élément comique est en général ce qu'il y a de plus nouveau et de mieux réussi dans la partition de *Boris Godounoff*.

Passons maintenant à un rapide examen des parties les plus remarquables de cet ouvrage.

L'opéra ne débute ni par une ouverture, ni par une introduction ; de même il ne s'y trouve aucun entr'acte, l'auteur paraissant complètement étranger à ce genre de composition symphonique. La première grande scène (que le lecteur veuille se reporter à l'énumération faite plus haut des tableaux de l'ouvrage) est de tous points admirable. L'accent musical de cette scène est parfaitement senti ; ici, comme d'ailleurs dans presque tout ce qu'écrit M. Moussorgsky, le type national est exprimé à merveille. Quelle vérité dans l'exagération même de ces lamentations du peuple, obligé pour ainsi dire par force de supplier Boris de devenir son maître ! Les phrases, courtes et variées, mises dans la bouche de divers personnages, vers le milieu du chant de cette scène, sont au-dessus de tout éloge : rien n'y choque, aucune disparate ne s'y fait remarquer; chaque trait est placé avec le plus grand naturel. L'esprit d'observation, le goût, l'expression et des qualités musicales supérieures sont réunis dans cette scène. — Le premier acte nous offre en outre un épisode dont la musique est pleine d'intérêt : c'est celle où des moines mendiants, revenant de la Terre-Sainte, psalmodient en chœur sur la mélodie d'un ancien cantique.

La grande scène de l'auberge, au deuxième acte, est, sans contredit, le chef-d'œuvre de M. Moussorgsky. Les effets dramatiques s'y produisent sous un jour tout à fait nouveau. Que de mérites réunis ! Une déclamation vraie et forte, des figures musicales d'une originalité soutenue, de l'humour à foison, et du commencement à la fin un sentiment musical très prononcé. Chacun des motifs des trois chansons (la première chantée par la maîtresse de l'auberge, les deux autres par l'un des vagabonds), est par lui-même une véritable trouvaille ; mais ce que M. Moussorgsky y a ajouté comme accompagnement varié est nouveau, caractéristique et d'une surprenante richesse de rythme et de couleur. Les récitatifs, dans cette scène, sont expressifs et mélodiques ; ils émanent d'un généreux élan d'inspiration. On rencontre à tout instant de ces belles phrases musicales qui, en étroite union avec le texte, restent dans le souvenir en faisant corps avec les idées et les paroles auxquels le compositeur les a associées. Conçue sur un plan aussi large, cette scène, d'un réalisme tout esthétique, n'a rien qui la surpasse, sous ce rapport, dans aucun opéra que nous connaissions.

Le troisième acte est presque entièrement consacré aux motifs et aux rythmes polonais : le chœur des suivantes de Marina, sur un mouvement de krakowiak, l'air de Marina, en rythme de mazurka, et la grande polonaise. Il contient des pages pleines d'une verve musicale de bon aloi, quoique la nationalité polonaise n'y soit représentée que d'une manière tout extérieure, par les rythmes des danses nationales. Le mieux réussi des trois morceaux que nous venons de citer est sans contredit la polonaise, dont le *trio* surtout est très remarquable. — En toute sincérité, on ne peut guère admirer les scènes où figure le père jésuite; quelques-uns des épisodes de ce rôle sont bien venus, il est vrai, mais cet étrange personnage, diplomate méphistophélique et charlatan mesmérien, a quelque chose d'outré, de peu naturel, de mal équilibré sur ses grandes échasses, et ne peut qu'impressionner défavorablement dans l'ensemble de l'ouvrage.

Dans la scène entre Dmitri et sa fiancée Marina, il y a bien quelques phrases énergiques et expressives, mais, reparaissant à plusieurs reprises sans subir de modification, elles ont l'air d'être prises au hasard et semblent égarées dans le dédale des longs et incolores récitatifs qui les enveloppent. La partie de Marina est la mieux traitée; on y entend la note ironique d'un persiflage qui va triompher. Mais la fin du duo est d'une beauté si achevée, l'inspiration s'y déploie avec tant de liberté et de charme, qu'en l'écoutant, le souvenir des fâcheuses impressions précédentes s'évapore pour ne laisser dans le cœur et l'esprit de l'auditeur que l'impression la plus douce et la plus poétique.

Au quatrième acte, le récit des merveilles qui s'opèrent sur la tombe de l'enfant royal et martyr est exposé avec la simplicité et la sérénité qui accompagnent une foi vive; en outre, le texte de Pouchkine, conservé intact dans ce récit, est de la plus grande beauté; c'est assez pour qu'on pardonne sans trop de peine au compositeur de ne s'être pas laissé aller cette fois à une bien haute inspiration musicale.— La scène de la mort de Boris produit l'effet le plus saisissant. Les chants religieux profondément tristes dans leur majesté d'apparat et accompagnés du glas funèbre annonçant aux Moscovites l'agonie du tsar ; les quelques phrases de Boris, entrecoupées des hoquets de la mort, ses derniers efforts pour se raccrocher à la vie, et l'accent désespéré de son dernier cri; la stupeur silencieuse des boyards rangés autour du mourant, en un mot toute la solennité d'un semblable moment a été peinte par le musicien avec les couleurs de la plus poignante vérité; et son orchestre, en outre, est ici d'une rare éloquence. Reste à savoir si M. Moussorgsky n'aurait pas mieux fait de ne pas tant chercher à reproduire avec une exactitude photographique certains détails de cette scène, et surtout de composer lui-même un cantique religieux, au lieu de se servir de celui du rituel ordinaire. Il a eu le tort de ne pas reculer devant la crudité de certains effets qu'il eût fallu laisser se fondre dans le creuset de l'art.

La scène qui se déroule dans la forêt a beaucoup de points de contact avec celle de l'auberge (au deuxième acte). Le plan sur lequel elle est construite est hardi et d'une grande ampleur; elle est toute de vie, de mouvement, d'accidents pittoresques, et sa valeur musicale pure est réelle. La haine des serfs contre le malheureux boyard, longtemps comprimée, éclate avec une énergie sauvage, mêlée d'ironie terrible et grossière. L'apparition du vieux mendiant aux visions prophétiques, et son refrain d'un accent navrant, maladif, font naître une douloureuse impression. Les vagabonds et les missionnaires jésuites se détachent en relief sur la masse du peuple qui encombre la scène. La présence inattendue de

Dmitri impose à cette foule. Son discours est d'une mâle énergie ; c'est un épisode à sensation. Le vieux mendiant, jusque-là plongé dans une silencieuse et mystique rêverie, répète soudain son refrain, qui plus que jamais répand comme une tristesse sans espoir sur les lieux quittés maintenant par cette mer-populace qui, il y a un instant, grondait orageuse et menaçante.

Cette fin de l'opéra (court récitatif mélodique d'un seul personnage), on doit en convenir, n'est pas seulement originale, elle est très osée et sans aucun précédent.

D'après l'esquisse que nous avons essayé de tracer, il est facile de se convaincre que ni le spectateur, ni l'auditeur de l'ouvrage de M. Moussorgsky ne pourront en recevoir une impression entière, stable; le réalisme permanent de cette œuvre si moderne, poussé jusqu'à l'ostentation, y tient trop souvent lieu de ce qu'on doit toujours rechercher en musique : l'expression d'une beauté poétique. Néanmoins, *Boris Godounoff* est un événement très significatif dans le monde de l'art ; il faut y admirer les élans d'une puissante énergie et d'une fière originalité. Les passions du peuple russe ainsi que l'humour dont il est susceptible y sont dépeints avec un art et une vérité d'expression dont on ne saurait assez faire l'éloge.

LE CONVIVE DE PIERRE, OPÉRA DE DARGOMIJSKY.

Nous arrivons à l'œuvre capitale, à la clef de voûte de la nouvelle école d'opéra russe, au dernier ouvrage de Dargomijsky, *le Convive de pierre*.

Nous avons déjà pu constater, dans l'analyse de *la Roussalka*, avec quelle vérité Dargomijsky arrive à rendre les situations dramatiques. Pour atteindre ce but, il avait déjà alors rompu avec les formes usitées, et commençait à attacher une très grande importance au *récitatif mélodique*. Mais, à cette époque où le public restait indifférent à toute chose nouvelle en musique, aucun des efforts de Dargomijsky ne fut apprécié comme il le méritait, et *la Roussalka* n'eut qu'un médiocre succès. L'artiste prit la chose fort à cœur, et se sentit si profondément découragé, que pendant près de treize ans il ne put se résoudre à travailler à un nouvel opéra.

Mais peu à peu il se forma un groupe de musiciens qui, par la nature de leur talent et leur manière d'envisager les nouvelles questions de l'art musical, finirent par constituer une nouvelle école d'opéra en Russie. Ces artistes tenaient en grande estime les récitatifs mélodiques de *la Roussalka*. Dargomijsky se joignit à eux avec enthousiasme, et, bientôt repris du besoin de produire, il composa son opéra *le Convive de pierre*.

N'oublions pas que les principes de la nouvelle école sont contenus en germe dans les scènes en récitatif de *la Roussalka*. C'est positivement de là que cette école tire sa source, et il est à présumer que sans ce point de départ, les choses ne seraient pas allées si vite ni si sûrement vers un but qui s'est graduellement élucidé et a fini par se déterminer de la façon la plus nette.

Le texte de Pouchkine, sans une seule altération, sans coupure ni addition quelconque, a servi de libretto à Dargomijsky pour son opéra *le Convive de pierre*. La fable de ce drame est, quant au fond, à peu près la même que celle du *Don Juan* de Mozart; mais il y a plus d'une différence capitale entre le libretto de Lorenzo Da Ponte et le poème de Pouchkine. Chez Da Ponte, Don Juan tue le Commandeur, parce que celui-ci veut s'opposer au déshonneur de sa fille. Pouchkine a fait de Donna Anna l'épouse du Commandeur; Don Juan tue ce dernier sans avoir jamais vu Donna Anna; plus tard, il la subjugue, et lui, qu'elle sait être le meurtrier de son époux, il parvient à se faire aimer d'elle. Dans le texte de Da Ponte, Don Juan convie la statue du Commandeur à venir souper chez lui. Pouchkine dispose autrement la scène : Don Juan invite la statue à venir faire sentinelle à la porte de la chambre de sa veuve, pendant que lui-même goûtera avec elle les délices d'un tête-à-tête amoureux. Da Ponte mène tout son récit d'une façon anecdotique; il y fait entrer plusieurs personnages tout à fait étrangers au développement du drame, tandis que le poème de Pouchkine, d'une trame beaucoup plus serrée, garde partout un caractère profondément dramatique. Le rôle de Laure, imaginé par le poète russe, est le seul qui ne fasse pas partie essentielle du drame; et encore y figure-t-il avec avantage, pour établir d'une façon très caractéristique la nature passionnée et sans frein de Don Juan.

Après l'exposé de ces différences essentielles, résumons le sujet du drame de Pouchkine. Don Juan s'est battu en duel avec le frère de Don Carlos et l'a tué. Il est forcé de fuir; mais, vaincu par l'ennui d'un exil prolongé, il se décide à rentrer secrètement en Espagne, accompagné de son serviteur Leporello. A Madrid, ayant par hasard fait halte un moment près de l'enclos d'un couvent, dans le cimetière duquel reposent les restes du Commandeur, une de ses victimes, il aperçoit Donna Anna et se sent subitement épris d'elle. Chemin faisant, il passe chez Laure, une de ses anciennes maîtresses, chanteuse fort applaudie au théâtre ; elle est rentrée du spectacle et donne à souper à quelques amis. Don Carlos est au nombre de ceux-ci : il aime Laure d'un amour sincère et profond. Tandis que les invités de Laure ne savent que prodiguer des banalités ennuyeuses à la cantatrice, Don Carlos critique hardiment tout ce que la vie de Laure a de répréhensible ; il lui fait un triste tableau de l'avenir, des années de fatigue, de vieillesse et de décadence qui ne tarderont pas à arriver.... Mais Laure laisse échapper quelques paroles attendries au souvenir de Don Juan ; Don Carlos, offensé, invective durement la frivole créature, qui, au lieu de se fâcher de cette sortie, lui trouve une saveur d'originalité assez piquante. Elle congédie ses hôtes et reste seule avec Don Carlos. Quelques instants se sont à peine écoulés, que des coups redoublés se font entendre à la porte de la maison ; Don Juan fait irruption dans la chambre, et Laure se jette à son cou. Presque aussitôt, les deux rivaux croisent le fer ; Don Juan tue raide son adversaire, et, après quelques froides paroles échangées avec Laure sur les moyens les plus expéditifs à prendre pour faire disparaître le corps, il entraîne sa maîtresse dans la chambre voisine.

Le second acte se passe dans le cimetière où repose le Commandeur. Ce jardin des morts est journellement visité par Donna Anna, la jeune veuve ; elle y vient méditer et pleurer au pied du monument qu'elle a fait ériger à son époux. Don Juan, déguisé en moine, guette son arrivée ; toujours accompagné de Leporello, il plaisante agréablement le défunt et sa majestueuse statue, qui contraste comiquement avec l'exiguïté de la taille du Commandeur. Donna Anna paraît enfin ; et ici se déroule une scène d'un mouvement vif et passionné. Trompée d'abord par l'humble costume qu'a revêtu Don Juan, et qu'il jette bientôt à terre, Donna Anna voit enfin qu'elle a affaire à un gentilhomme, mais il lui est étranger : Don Juan a substitué un autre nom au sien. Touchée des prières pressantes de ce beau cavalier, elle finit par l'autoriser à se présenter chez elle le lendemain. Resté seul, Don Juan se livre aux transports d'une joie orgueilleuse; il apostrophe ironiquement la statue, en lui proposant de jouer le rôle que nous avons dit... Et le marbre, animé d'un souffle surnaturel, s'incline en signe d'adhésion à l'invitation sacrilège...

Le troisième acte nous transporte dans l'appartement de Donna Anna. Il peut se raconter en peu de mots : c'est d'abord une grande scène, pleine d'énergie et de pathétique, entre le séducteur et la jeune veuve, puis la terrifiante apparition de la statue, interrompant le tête-à-tête. Donna Anna perd connaissance. Toute lutte devient impossible. Don Juan jette un dernier cri d'adieu désespéré à Donna Anna, et, saisi au poignet par l'invincible étreinte de la statue, il disparaît avec elle dans les mystérieuses régions d'outre-tombe. Toute cette scène est conduite avec une vigueur, une puissance de conception qui ne faiblissent pas une minute; l'intérêt dramatique va toujours croissant à partir du moment où Don Juan, las de ruser, se démasque avec une franchise désespérée, et réussit néanmoins à gagner Donna Anna à son fatal amour. C'est là un digne pendant de la scène de Richard III avec lady Anna ; il existe même une sensible analogie d'allure, de situation, de puissance pour ainsi dire magnétique entre l'étonnant chef-d'œuvre shakespearien et cet épisode si émouvant du *Convive de pierre* de Pouchkine.

Une profusion d'idées riches, profondes et puissantes, se déroule dans ce drame en des vers admirablement frappés. La forme est d'une concision si parfaite que le moindre retranchement dans le texte serait inadmissible.

Ainsi l'intérêt de la légende, l'excellence du plan scénique aussi bien que l'heureuse disposition des rôles, et enfin le charme du vers, trois facteurs si importants de la valeur d'un poème d'opéra, se trouvent réunis dans ce drame, — qui, ne l'oublions pas, n'a pas été écrit pour être mis en musique. En effet, en tant que libretto, cette belle œuvre offre certaines lacunes. D'abord, il ne s'y trouve pas une seule ligne que le musicien puisse utiliser pour les chœurs. Un opéra peut, à la rigueur, se passer de chœurs ; mais à moins de raisons très sérieuses pour commander cette abstention, il ne faut pas se priver d'un auxiliaire de cette valeur, qui contraste si avantageusement avec le chant solo. En outre, le texte de ce poème ne présente pas assez d'épisodes purement lyriques, partant favorables à la musique vocale, et renferme, au contraire, nombre de passages en style familier, presque réaliste, qui offriront bien des obstacles au musicien. — Il faut maintenant poser nettement la question : reconnaissant ces lacunes et ne pouvant douter de leur influence sur le résultat de son travail, Dargomijsky a-t-il eu raison d'accepter le texte de Pouchkine dans toute son étendue, sans en modifier un passage ni en rejeter un seul mot, et n'aurait-il pas mieux valu que l'œuvre fût refondue au point de vue musical? — Si, choisissant ce sujet, le compositeur avait eu pour but de composer un opéra coulé plus ou moins dans le moule ordinaire du type familier depuis longtemps au public, certes, alors, Dargomijsky eût dû commencer par remanier de fond en comble le texte de Pouchkine, pour y découper des airs, des duos, y ajouter des chœurs (chœurs de moines, chœurs de villageois, conseil des grands d'Espagne, etc., etc.), composer quelque divertissement, et mainte autre chose. Mais du moment qu'il s'était donné pour tâche de réaliser en toute sincérité cet idéal rêvé, inabordé jusqu'alors, du vrai *drame musical*, terrain sur lequel la musique et la poésie revendiquent des droits égaux ; avec une ambition si haut placée, toucher à l'œuvre de Pouchkine eût été coupable, car, parmi les chefs-d'œuvre de la littérature russe, on n'en trouverait aucun qui fût plus capable d'exalter l'inspiration du musicien sensible à la poésie.

Dargomijsky a vaillamment rempli son programme. Dans tout son opéra, il n'a pas fait la moindre concession à la routine; il n'a pas cherché à répandre sur la scène un éclat factice et mensonger, ni à faire d'une façon quelconque la cour au public. Il n'a poursuivi qu'un but : la vérité.

L'opéra tout entier, à l'exception des deux chansons de Laure, au premier acte, est écrit dans le style soutenu du récitatif mélodique, qui y coule constamment de source, avec une abondance que rien n'arrête; les périodes mélodiques sont parfois fort courtes, d'autres fois, selon que l'exige le texte, elles se déroulent longuement, largement; enfin, depuis la première page jusqu'à la dernière, les paroles et leur sens intime sont en parfaite union avec la musique. C'est la fusion en un seul art de deux arts qui complètent l'un par l'autre.

Déjà, dans *la Roussalka*, Dargomijsky a montré qu'il excellait dans la déclamation musicale; il s'est encore élevé plus haut sous ce rapport dans la partition du *Convive de pierre*. La puissance de cette déclamation est si réelle, que même le chanteur le moins doué, quant à l'intelligence et à l'expression musicale, peut paraître un artiste de talent, rien qu'en exécutant avec le soin et l'exactitude nécessaires la partie vocale tracée par Dargomijsky, et en y observant fidèlement la mesure, le mouvement et le rythme. Dans *la Roussalka*, le récitatif mélodique était déjà traité aussi avec un grand bonheur; il décèle, dans *le Convive de pierre*, une complète maturité de talent, et l'inspiration s'y révèle à chaque pas. Les phrases mélodiques sont éminemment expressives, originales, et leur beauté poétique est d'autant plus remarquable que ce n'est pas par là, en général, que Dargomijsky se distingue dans ses autres ouvrages.

Les caractères, dans ce drame musical, sont tous parfaitement soutenus. Les types les mieux accusés sont celui du quasi-bouffon Leporello, dont le rôle conserve jusqu'au bout une pointe de causticité, mais qui ne peut, par moments, réprimer un sentiment voisin de la haine pour son maître ; et celui du moine qui, au premier acte, ouvre la grille du couvent pour laisser passer Donna Anna : tout entier à son rôle religieux, ce dévot personnage paraît surtout tenir à l'importance des effets extérieurs de son ministère. Quant aux autres rôles, ils ne paraîtront pas, au premier coup d'œil jeté sur la partition, se détacher les uns des autres par les signes bien distinctifs, bien marquants, qui d'ordinaire établissent une physionomie; mais, en observant attentivement la note qui domine dans leurs discours musicaux respectifs, il devient facile de constater des traits spéciaux parfaitement adaptés à la nature de chacun d'eux. Ainsi, le caractère de Laure se traduira par des boutades de frivolité enjouée, par des élans imprévus d'une passion à la fois facile et excessive, tandis que les allures de Donna Anna apparaîtront plus compassées, plus « sur la défensive », d'une coquetterie mêlée de retenue. Parmi les invités de Laure on remarque deux cavaliers d'humeur fort différente : l'un, le type de l'homme convenable, du *gentleman*, n'a que sa bonne tenue pour se faire distinguer en société ; l'autre, un fat inepte, n'a pour tout répertoire qu'une phrase d'une fade amabilité, ramenée à tout propos. Enfin, le contraste entre Don Carlos, au caractère si franc, si élevé, et l'insatiable jouisseur Don Juan, saute aux yeux du critique intelligent; dans les rapides mouvements de sa passion, emporté par l'excitation du rôle qu'il s'est donné, Don Juan ne parvient pas à étouffer cette note fausse qui vibre malgré lui dans son langage affecté, tandis que le langage de Don Carlos est plein de franchise et de vérité. — Le coloris de la musique espagnole n'a été utilisé par Dargomijsky que pour les deux chansons de Laure ; il n'y a nulle part ailleurs de trace de musique nationale. La couleur locale, en effet, n'aurait aucune raison de se manifester ailleurs que dans les scènes populaires et dans les tableaux de mœurs typiques, telles que les chansons, les danses de caractère, les fêtes et solennités. L'opéra dont nous parlons ne contient pas un seul chœur ; tout y est réservé à l'action du drame purement individuel, et aucun autre élément ne trouve place dans son cadre ; or, dans l'idiome universel des passions humaines, les traits d'une nationalité, quelle qu'elle soit, doivent inévitablement se fondre et disparaître.

Il n'y a pas lieu de s'étendre longuement sur les particularités contenues dans *le Convive de pierre*, tout l'opéra étant écrit avec la plus stricte homogénéité de style. Glanons-y seulement quelques remarques.

La causerie entre Don Juan et Leporello, au début du premier acte, d'une tournure tant soit peu prosaïque, conformément aux exigences du texte, mais claire et d'une prestesse charmante, ainsi que les phrases échangées un peu plus tard avec le moine, laissent deviner dès le début les ressorts intimes auxquels obéissent ces trois personnages : Don Juan s'y montre fringant, passionné et même poétique à sa manière ; Leporello laisse entrevoir le fond ironique de son humeur ; quant au moine, il est exclusivement préoccupé des dehors sévères que doivent revêtir les manifestations de la religion. La seconde moitié de l'acte a de hautes qualités musicales. Les deux romances de Laure ont de la verve et du brio, la seconde surtout ; mais leur incontestable valeur musicale pâlit devant l'importance bien supérieure des scènes dramatiques qui les encadrent. Il est impossible de ne pas suivre le rôle de Don Carlos avec un grand intérêt et la plus vive sympathie : tour à tour impétueux et doux, terrible dans son emportement, quelques instants après se livrant aux effusions d'une vive tendresse, Don Carlos s'adresse à Laure avec un accent pénétré et sincère, où perce une certaine tristesse pleine de charme. — Toute description serait faible pour rendre la poésie dont la musique de Dargomijsky revêt les deux tableaux de la nature que peint la vive imagination de Laure, lorsque, restée seule avec Don Carlos, elle est appuyée à la rampe de son balcon. Elle parle de la nuit, de cette belle nuit d'Espagne, si enivrante, pendant laquelle les senteurs les plus suaves se répandent comme des philtres subtils dans l'air frais et calme; on entend le cri répété et monotone des veilleurs de nuit; tout est serein et mystérieux à la fois... tandis que là-bas, vers le Nord, à Paris, le ciel est de plomb, les grosses gouttes de pluie tombent lourdement à terre, et des rafales d'un vent âcre sifflent et font rage. A la fin de l'acte, la scène du duel est rendue avec une effrayante réalité : on entend, sans avoir besoin de les suivre de l'œil, toutes les péripéties de cette lutte à mort, les coups parés, les ripostes, le cliquetis des armes.

Le second acte est, au point de vue musical, supérieur encore au premier. Rien de plus humoristique ni de plus finement ciselé que les plaisanteries de Don Juan devant la statue du Commandeur. La musique à cet endroit est pétillante d'esprit, et il en surgit plusieurs détails d'un pittoresque charmant. La scène entre Don Juan et Donna Anna est un des duos d'amour les plus passionnés qui existent dans la musique dramatique. Don Juan met tant d'ardeur dans ses protestations, qu'on excuse Donna Anna de se laisser vaincre et entraîner. La conclusion de l'acte amène de nouveau une situation comique ; mais, cette fois, la note plaisante ne résonne plus seule ; il s'y mêle des accents d'épouvante, qu'entretient et renouvelle la fantasmagorie de la scène, et qui donnent à celle-ci un tour presque tragique. Il s'agit de l'épisode où Don Juan et Leporello s'adressent alternativement à la statue, et en reçoivent la sinistre et silencieuse réponse exprimée par de lents mouvements de tête. Leporello, pris d'une peur superstitieuse, parle d'une voix incertaine, hésite et bégaie; il est comiquement sincère dans les marques de déférence qu'il prodigue à la statue. Don Juan, lui, garde son attitude tranquillement hautaine; il y a un certain cynisme de bravade dans ce qu'il dit. Toutes ces nuances ont été rendues avec le plus grand bonheur par Dargomijsky; mais là où l'imagination est le plus vivement frappée, c'est quand un souffle glacial et puissant paraît surgir des régions mystérieuses d'outre-tombe et animer la statue. Le Commandeur est caractérisé par une phrase de cinq notes montant, puis descendant diatoniquement par tons entiers, et étayées d'une harmonie sombre et grandiose :

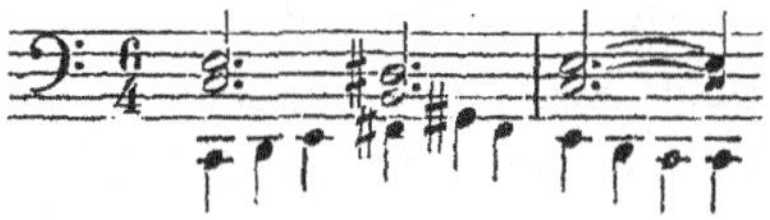

Si, musicalement parlant, la grande scène du troisième acte entre Don Juan et Donna Anna est inférieure à certains égards aux épisodes décrits plus haut, il n'en faut chercher l'explication que dans les accidents du texte, lequel, dans sa vérité de langage, contient de nombreux passages où l'auditeur peut trouver un défaut de poésie : ce qui n'a pas lieu de surprendre, puisque Pouchkine n'avait nullement écrit son poème en vue de la scène lyrique. Mais, à partir de l'apparition de la statue jusqu'à la fin de l'opéra, la musique est constamment d'une grande beauté. Avec la statue revient la phrase en tons entiers, et Dargomijsky développe et paraphrase cette donnée avec une remarquable richesse d'idées. Le développement aboutit enfin à une marche (entrée de la statue), accompagnée par cette gamme fatale en tons entiers : ces sonorités roulent comme des nuées orageuses et remplissent l'air de leurs puissants éclats. Là, l'horrible devient vraiment beau. De plus, la persistance des deux notes sur lesquelles sont établies les quelques paroles que prononce le Commandeur, contribue à rendre plus intense l'effet sépulcral et terrifiant de cette scène si hautement inspirée.

Le Convive de pierre est, sans contredit, le meilleur ouvrage de Dargomijsky, et, en même temps, celui de tous les opéras de la nouvelle école russe qui témoigne de la plus complète maturité de talent et de la plus grande sûreté de style. Et, pour généraliser davantage, on peut dire que de tous les opéras qu'a produits la Russie, *Rousslan* et *le Convive de pierre* sont les plus remarquables, le premier par l'universalité du génie musical, le second par la nouveauté des formes et la puissance expressive. Ces deux importantes créations seront donc le point de départ de l'opéra russe moderne, et, en obéissant à cette impulsion, les talents sérieux et actifs parviendront peut-être dans l'avenir à lui donner une puissante extension.

Il ne faudrait pourtant pas croire que la nouvelle école russe prétende donner l'œuvre de Dargomijsky, quelle que soit son admiration pour elle, comme un type *unique*, comme un idéal dont il serait imprudent de s'écarter. Si l'on se sert non pas d'un poème de Pouchkine, mais d'un libretto quelconque, en admettant même que ce libretto soit fait avec beaucoup de talent, ce n'est déjà plus la même chose : on ne poussera pas le scrupule jusqu'à considérer chaque ligne du texte comme chose sainte. En thèse générale, il vaudrait mieux éviter ces textes des grands poètes, si séduisants que leur beauté intrinsèque les rende aux yeux du musicien, car ils n'ont pas été écrits pour la musique. Il faut, en outre, avoir soin de se garder, autant que possible, des tirades philosophiques, de même que du langage familier voisin de la prose vulgaire. Un texte vraiment lyrique, se prêtant bien au développement de la mélodie vocale, est, en somme, ce qui doit être recherché principalement dans un libretto. Il y a aussi la question des masses vocales. Des scènes d'ensemble bien motivées et l'élément populaire, s'il est suffisamment lié à la marche du drame, sont autant de ressources importantes qu'un compositeur dramatique ne doit pas négliger, car, pour n'en citer qu'une bonne raison, un opéra se maintenant d'un bout à l'autre dans la forme du dialogue, deviendrait fatigant à la longue. Quant au *Convive de pierre*, considéré à ce point de vue, nous dirons que son exécution ne dure pas deux heures; de sorte que l'attention de l'auditeur n'a pas le temps de se lasser. Cette œuvre est le meilleur type qu'on puisse recommander pour un opéra intime pour ainsi dire et de longueur moyenne; mais cela ne signifie pas qu'il faille en faire son unique symbole de foi musicale. Un opéra où le mouvement populaire serait en union directe avec l'action des personnages du drame, où le peuple serait dépeint avec les couleurs aussi vives et vraies que celles dont s'est servi Dargomijsky pour animer chacune des figures de son opéra, une œuvre pareille impressionnerait plus profondément encore que la belle création de musique dramatique qui s'appelle *le Convive de pierre.*

La musique du *Convive de pierre* est si intimement liée avec les paroles, elle les suit de si près, que considérée seule, sans paroles, elle perd la moitié de son prix et parfois devient incompréhensible. Donc, pour goûter et apprécier dignement cette œuvre admirable, la connaissance de la langue russe est de toute nécessité, et c'est une entrave bien sérieuse pour la propagation du *Convive de pierre* en Europe.

Un dernier mot. Il n'a point été question, au cours de cette analyse, du *Don Juan* de Mozart : c'est qu'aucune comparaison n'est possible entre *le Convive de pierre* et le chef-d'œuvre du maître de Salzbourg. Dargomijsky ne pouvait pas prendre *Don Juan* pour point de départ; entré dans un autre courant d'idées, il n'a pas cherché à faire *mieux*, il s'est proposé de faire *autrement*. *Don Juan* reste dans les régions sereines où l'a placé le génie tendre et noble de Mozart; la musique du *Convive de pierre* tend avant tout à être celle d'un « drame musical », prenant les scènes corps à corps et luttant de vérité avec elles. Si Mozart vivait de nos jours, il est probable que son opéra aurait bien plutôt ressemblé au *Convive de pierre* qu'au *Don Juan* de 1789.

***

Il est difficile de se faire une idée du trouble qui agita les vieux courants musicaux de Saint-Pétersbourg lorsque apparurent, l'une après l'autre, les œuvres de la nouvelle école d'opéra russe. Une hostilité aveugle et injuste les accueillit ; les railleries, les invectives même ne furent point épargnées aux courageux efforts qui mettaient en œuvre les résultats d'une étude longue, approfondie et d'une conviction inébranlable. Toutes les forces armées de la critique, divergentes sur mille autres points, se coalisèrent cette fois pour taxer de démence cette marche hardie vers de nouveaux horizons artistiques. Le public, toutefois, ne se laissa pas complètement entraîner par ces diatribes, et le succès relatif qu'obtinrent les opéras nouveaux fut, eu égard à l'époque, presque l'équivalent d'une victoire. Pas un de ces opéras n'a subi un fiasco décisif.

Ce genre de musique exige nécessairement des exécutants possédant des aptitudes toutes spéciales, bons acteurs, musiciens solides, sachant comprendre et pratiquer la belle déclamation. Il lui faut en outre, un auditoire comme il n'en existe pas encore, suffisamment cultivé pour unifier le sens du texte et celui de la musique. Quand la nouvelle école entra en scène, ni le personnel des acteurs, ni la masse du public ne pouvaient répondre à toutes ces exigences. Les artistes firent de leur mieux, de la voix et du geste, — et c'est une grande justice à leur rendre, — mais il y avait trop de nouveauté et trop de difficultés spéciales dans les ouvrages, pour que des champions enthousiastes et dévoués leur fussent acquis parmi eux tout d'abord. Une chose digne d'être notée, c'est que les exécutants sont infiniment plus routiniers que le public; et pourtant, Dieu sait quelle contenance a dû faire celui-ci, habitué dès l'enfance aux formes anciennes, inféodé au style d'opéra avec ses airs, ses ensembles, ses morceaux détachés, en présence d'innovations aussi radicales!

Si minime qu'il ait été, le succès, émergeant malgré tout d'un ensemble de circonstances toutes très défavorables, donne la mesure du talent dépensé dans les œuvres de la nouvelle école. Sans nul doute, il y a plus d'une erreur et plus d'un excès dans chacun de ces opéras; mais comment éviter ces défauts dans la première application d'idées tout à fait nouvelles, surtout si l'on considère que le travail n'avançait guère sans rencontrer des marques d'une animosité peu dissimulée, sans qu'il fallût soutenir des luttes parfois déloyalement engagées par les partis hostiles?

La nouvelle école, comme nous l'avons dit antérieurement, pose les fondements d'une période nouvelle dans les annales historiques de l'opéra russe. Voici ses titres les mieux établis à l'attention du monde musical. Elle a secoué une dangereuse léthargie musicale; elle a suscité des questions artistiques d'un intérêt vital; elle s'est affranchie de la routine, cet étang à l'eau croupissante que recouvre peu à peu une végétation corrompue; elle a bravement entrepris sa tâche de réforme en créant des ouvrages hardis, l'expression la plus sincère de ses nouveaux principes; aucun but personnel ne l'a jamais animée, car elle a, en toute occasion, agi avec droiture et abnégation, sans rechercher ni le profit, ni le succès, mais uniquement stimulée par un grand amour de l'art, par la fièvre de l'idéal. Ses efforts n'ont pas été stériles. Elle n'existe plus fictivement; désormais il faudra compter avec elle. Le nombre de ses adeptes ne fait que s'accroître. Et nous pouvons dire que, grâce à ses efforts, et quoiqu'on la discute encore, la création ou du moins la réussite d'un opéra écrit dans les formes anciennes est dorénavant impossible en Russie.

Une génération nouvelle, qui aura pris dès le début l'habitude de ce genre de musique, à qui il sera impossible d'admettre de la musique vocale en désaccord avec le sens des paroles, une génération qui sentira toute la puissance esthétique résultant d'une union parfaite de l'art des sons avec l'art poétique, ne pourra que payer un tribut de sincère reconnaissance aux travaux victorieux de la nouvelle école russe, car celle-ci lui aura réservé une des plus grandes jouissances qu'il soit donné à l'homme d'éprouver : contempler dans toute la plénitude de l'intelligence et du sentiment le magnifique accord des deux arts les plus expressifs qui existent.

ANTOINE RUBINSTEIN. — TCHAIKOWSKY.

Le nom d'Antoine Rubinstein est connu dans les deux hémisphères. Artiste universel, « cosmopolite », son talent n'est russe que par le côté *thématique,* et encore d'une manière intermittente. Aussi, dans cette étude sur la musique russe, ne voulons-nous l'apprécier qu'en tant qu'il rentre dans notre sujet ; et on nous excusera si une notable partie de son œuvre, celle qui ne tient ni de près ni de loin à l'art russe, n'est point analysée ici.

L'activité musicale de Rubinstein embrasse plusieurs formes de l'art. Il se présente au public tantôt comme pianiste, tantôt comme compositeur, tantôt comme chef d'orchestre. Sa gloire de grand virtuose a précédé sa gloire de compositeur, et n'a pas peu contribué à établir et à propager celle-ci. On a applaudi souvent Rubinstein, compositeur, grâce à Rubinstein, le prodigieux pianiste.

Dès l'âge le plus tendre, Rubinstein commença à composer dans tous les genres, avec une facilité inouïe. Sous ce rapport, c'est un vrai enfant du siècle, — du siècle des chemins de fer, des télégraphes et des téléphones. Il a écrit des opéras, des oratorios, des symphonies, des quatuors, des romances, de la musique de chambre, etc., etc. Cette universalité même peut faire naître des doutes relativement à la valeur de ces ouvrages. Qui trop embrasse mal étreint. A l'exception de Mozart (et encore il faut avoir égard au temps où il écrivait et à la simplicité des formes musicales alors en usage), la musique ne compte pas un seul compositeur de génie universel. Les symphonistes écrivaient peu d'opéras ; les compositeurs d'opéras écrivaient peu de musique symphonique. Beethoven et Schumann n'ont écrit qu'un opéra chacun, et encore n'est-ce pas leur ouvrage capital. Liszt n'en a pas composé. Berlioz en a écrit quatre, mais son œuvre symphonique est bien plus considérable. Chopin, un des plus sublimes génies de la musique, n'a guère composé que pour le piano. Par contre, Weber, Glinka, Dargomijsky ont fait peu de musique symphonique. Par le temps qui court, ce n'est que l'*aurea mediocritas* qui ne doute de rien, essaye de tout et réussit dans tous les genres.

Le talent de Rubinstein a plus d'une affinité avec celui de Brahms, de Raff ; mais il est plus varié, grâce surtout à l'emploi qu'il fait parfois de la musique orientale et des thèmes nationaux russes, si riches, si originaux, et si complètement ignorés des compositeurs de l'Europe occidentale. Il a le jet mélodique d'une abondance extrême, mais trop souvent il se contente de la première idée venue, distinguée ou banale, riche ou pauvre. Dans le commencement de sa carrière, ses idées musicales reflétaient celles de Mendelssohn ; ce n'est que plus tard qu'elles ont acquis une individualité plus marquée.

Rubinstein est un harmoniste expérimenté, plein de naturel ; mais il ne paraît pas rechercher particulièrement la nouveauté de ce côté. De même, très habile dans le maniement des formes, et surtout des formes symphoniques, il se montre peu soucieux d'innover dans l'opéra ; il traduit de son mieux les situations scéniques, sans vouloir employer d'autres moyens que ses devanciers. En musique dramatique, il n'a ni reculé ni avancé, et semble avoir pris pour devise le « juste milieu ».

L'orchestre de Rubinstein est parfaitement équilibré et sonne bien ; mais on n'y trouve guère la recherche des effets neufs et piquants, des ingénieuses combinaisons d'instruments, si en honneur parmi les compositeurs contemporains. Rubinstein a prouvé en quelques occasions qu'il n'y est point étranger, mais il ne semble pas s'y complaire.

Pour caractériser d'une façon générale la musique de Rubinstein, nous dirons qu'elle coule de source, sans entraves; qu'elle ne manque pas de chaleur, parfois un peu artificielle et mélodramatique, qu'elle a aussi de l'ampleur, mais n'est pas exempte de longueurs; elle sent trop en général l'improvisation, le travail hâtif et peu réfléchi. La poésie, la profondeur, lui manquent souvent, mais le lieu commun y abonde, et c'est là son défaut principal. Les belles pages, quand il s'en trouve dans ses œuvres, sont presque absorbées par le lieu commun, — cette hydre aux cent têtes, contre laquelle l'auditeur musicien finit par user sa force de résistance.

Dans les opéras de Rubinstein, les meilleures parties sont généralement les morceaux purement lyriques, les chœurs, les danses, celles enfin dans lesquelles les formes symphoniques ne sont pas déplacées. Par contre, les scènes dramatiques sont les moins réussies; elles manquent de chaleur et d'énergie.

Les premiers opéras de cet artiste, *les Chasseurs de Sibérie*, *Fomka douratchok* (Fomka l'idiot), *la Bataille de Koulikoff*, etc., ont passé sans laisser la moindre trace. Ce n'est que depuis peu d'années que *le Démon* et *les Machabées* ont été remarqués par le public.

Le sujet du *Démon* est emprunté au poème très connu qui porte le même titre, et dont l'auteur est Lermontoff, le poète russe le plus populaire après Pouchkine. Le Démon aime la belle Circassienne Tamara; il lui apparaît souvent et cherche à la charmer par des paroles d'amour, d'une passion et d'une douceur surhumaines. Il tue le fiancé de Tamara. La jeune fille, désespérée, se réfugie dans un cloître; le Démon entre dans sa cellule, et après une scène des plus passionnées, la saisit et l'embrasse. Tamara tombe inanimée; l'esprit infernal s'apprête à enlever sa proie, ma un ange vient la lui ravir.

Ce poème ultra-romantique, dont les vers sont d'une harmonie entraînante et d'une beauté incomparable, a fourni à Rubinstein le sujet d'un opéra en trois actes.

La partition du *Démon* n'est pas une des meilleures de son auteur ; elle a été écrite trop vite, et parfois avec une véritable négligence. Pourtant elle renferme deux morceaux magnifiques : ce sont les danses orientales, d'un vigoureux coloris et d'une beauté mélodique et harmonique remarquables. Rubinstein a su y réunir les caractères distinctifs des danses de l'Orient : une mollesse voluptueuse et une énergie effrénée.

Il faut encore mentionner dans *le Démon* quelques beaux chœurs, surtout le chœur de la Caravane, très caractéristique ; une romance du fiancé, et plusieurs épisodes dans les discours passionnés du Démon. A ces citations près, la musique du *Démon* présente peu d'intérêt. La seconde moitié du deuxième acte (Tamara prête à se réfugier dans le cloître) est monotone. Le dernier acte, l'acte dramatique par excellence, est le plus faible, le moins digne de la poésie enflammée de Lermontoff.

Le Démon a été, dès le début, en grande faveur auprès du public, et son succès ne s'est pas démenti jusqu'à ce jour. Si l'on considère qu'un autre opéra de Rubinstein, *les Machabées*, représenté après *le Démon*, et dont la valeur musicale n'est certes pas moindre, a été moins bien accueilli en Russie, on est porté à conclure que le sujet choisi et l'admirable poésie de Lermontoff ont été pour beaucoup dans cette préférence de la foule.

Le sujet biblique des *Machabées* est trop connu pour qu'il soit nécessaire de le raconter. Cet opéra est écrit avec plus de soin que *le Démon* ; mais il lui est inférieur quant à la valeur des idées mélodiques, et il a en moins une bonne partie de l'intérêt dérivant de l'emploi du coloris oriental, bien plus intense dans *le Démon* que dans *les Machabées*. Comme style et comme facture, les deux opéras sont d'ailleurs assez semblables pour qu'il n'y ait pas lieu d'entrer dans l'analyse du second, et de citer par le menu les morceaux qu'il renferme.

Il y a quelques mois, Rubinstein a fait représenter encore à Saint-Pétersbourg un opéra russe, *le Marchand Kalachnikoff*, également écrit sur un sujet de Lermontoff. Après deux représentations, la direction des théâtres a trouvé bon d'en interdire la représentation (il faut le croire provisoirement), à cause de son sujet, représentant Ivan le Terrible sous un aspect peu sympathique. Comme musique, *Kalachnikoff* ne vaut ni *le Démon*, ni *les Machabées*; mais il n'en est pas moins regrettable de voir cet opéra en butte à des rigueurs qu'une œuvre d'art ne devrait pas connaître.

Pour nous résumer en deux mots, nous dirons que Rubinstein est un infatigable compositeur de second ordre, qui ne fera pas époque, et qui n'exercera que peu d'influence sur les destinées futures de l'art.

***

Tchaïkowsky a plus d'un point de ressemblance avec Rubinstein : il aborde de même tous les genres, sa fécondité est de même inépuisable, et sa production souvent trop hâtive. C'est un compositeur d'un remarquable talent; il excelle dans la musique de chambre et la symphonie ; bien plus faible dans la musique dramatique, il y aurait aussi fourni une brillante carrière s'il avait été plus sévère envers lui-même et s'il avait mieux raisonné ses tendances et son système de composition.

Tchaïkowsky possède une grande facilité d'invention mélodique. Ses thèmes sont charmants pour la plupart; ils manquent de puissance, de profondeur et de grandeur, mais leur caractère élégiaque, mélancolique, rêveur, est très attrayant;

et des tournures de phrases que l'auteur affectionne leur donnent un certain cachet d'individualité.

L'harmonie moderne, avec ses délicatesses et ses hardiesses, n'a pas de secrets pour Tchaïkowsky; il la possède admirablement. On peut lui reprocher seulement l'emploi trop fréquent du genre chromatique, qui communique à ses harmonies quelque chose de maladif. Il aime la polyphonie et en use souvent, parfois au détriment de la clarté de la pensée principale et de l'ensemble de l'ouvrage.

Dans la construction de ses morceaux, Tchaïkowsky est un peu uniforme. Il aime surtout le travail des variations. Mais ce ne sont pas les variations de Beethoven ou de Schumann; il ne possède point l'art avec lequel ces maîtres construisent sur un thème très simple un monument colossal, l'art des développements larges et profonds. Ses variations sont basées principalement sur les changements d'harmonie, d'instrumentation, de rythme, et sur les artifices contrapuntiques. Il orchestre avec beaucoup de goût, d'éclat et de coloris.

La musique dramatique est, comme il a été dit plus haut, le côté faible de Tchaïkowsky. Non seulement il déclame d'une manière tout à fait défectueuse, mais quelquefois le rythme même de sa musique ne correspond pas au rythme des vers. Souvent aussi les dimensions de ses morceaux ne correspondent pas aux dimensions du texte : d'ordinaire, il écrit plus de musique qu'il n'en faut. Il est obligé de recourir aux pauses fréquentes de la voix, aux répétitions des strophes, des vers et des mots, ce qui est souvent incompatible avec le bon sens, et malgré tous ces stratagèmes, sa musique d'opéra ressemble à un habit trop large qu'aurait endossé un maigre personnage. Encore un fait curieux : Tchaïkowsky n'est certes pas wagnériste, et néanmoins il n'est pas rare de rencontrer chez lui le système défectueux et irrationnel de Wagner, qui fait prédominer l'orchestre sur le chant, qui confie le rôle et les idées principales aux instruments en reléguant au deuxième plan les personnages vivants et agissants du drame. De même, Tchaïkowsky est loin d'être partisan de la nouvelle école russe; il est bien plutôt son antagoniste. Mais il n'a pas pu se soustraire à son influence, qui a laissé des traces visibles dans ses ouvrages lyriques. Ce qu'il y a de fâcheux pour lui, c'est qu'il n'a su être entièrement ni d'un parti ni de l'autre. Ayant subi d'une façon inconsciente l'ascendant des doctrines nouvelles, il ne s'est pas assez rompu à la musique déclamatoire et au récitatif mélodique. D'un autre côté, s'il se fût contenté des formes anciennes, avec la nature de son talent, lyrique et élégiaque, il aurait certes pu écrire des opéras dont la musique aurait eu sa beauté propre. Les paroles n'eussent guère servi que de prétexte à la partition, les situations dramatiques n'eussent pas toujours été exprimées avec vérité, mais enfin Tchaïkowsky eût travaillé sans entraves et pu écrire de belles pages musicales, absolument parlant. Mais il n'a été ni assez routinier pour rester dans l'ancienne voie, ni assez hardi pour s'approprier les convictions fermes et raisonnées de la nouvelle école russe; de là vient que ses opéras manquent de style et de caractère ; ils louvoient, si l'on peut s'exprimer ainsi, et ne satisfont complètement ni les partisans des formes anciennes, ni les adeptes du progrès.

Le premier opéra de Tchaïkowsky qui ait été représenté à Saint-Pétersbourg, *l'Opritchnik* (les Opritchniks étaient les gardes du corps du tsar Ivan le Terrible), est écrit sur un sujet historique, très dramatique en lui-même, mais gâté par le libretto, qui est construit d'une main inexpérimentée. Ce libretto se compose de scènes mal soudées entre elles, et rappellent trop de scènes fort connues de maint autre opéra. Les caractères sont mal dessinés et pleins de contradictions. — La musique de cet opéra, œuvre d'un compositeur tel que Tchaïkowsky, ne pouvait manquer de qualités. Mais ces qualités n'apparaissent qu'épisodiquement : considéré dans son ensemble, l'opéra manque d'unité de style, les formes en sont indécises, et il présente parfois le très désagréable mélange de la musique russe avec des italianismes dans le genre de Verdi.

Le deuxième opéra de Tchaïkowsky, *Vakoula le forgeron*, a été écrit pour un concours; il a remporté le prix institué par la Société musicale russe. Cette victoire ne pouvait faire doute, car il n'avait pour concurrents que des musiciens de peu de talent, aucun des membres de la nouvelle école russe n'ayant voulu travailler à un ouvrage *d'occasion*, persuadés qu'ils étaient que ce ne sont pas les concours qui font éclore les chefs-d'œuvre. — Le sujet de *Vakoula* est tiré d'une nouvelle petite-russienne de Gogol, pleine de charme et de gaieté. La musique de cet ouvrage est bien préférable à celle de *l'Opritchnik;* les mélodies, l'harmonisation et l'instrumentation en sont plus fines et plus intéressantes. Quant au style et aux formes musicales, c'est toujours la même indécision, le même manque de conviction. Mais le défaut capital de *Vakoula*, c'est le contraste frappant entre le tout aimable sujet de Gogol et la musique toute mélancolique de Tchaïkowsky.

Ce compositeur est l'objet d'une sympathie aussi vive que méritée. On a fait tout ce qui a été possible pour soutenir ses opéras : on en a donné des reprises, on a confié les rôles à de nouveaux artistes afin de stimuler l'intérêt du public (on agit tout autrement, soit dit en passant, avec les opéras de la nouvelle école russe). Malgré tout cela, le succès des ouvrages si chaleureusement protégés n'a été que médiocre. Il ne faut pas s'en étonner, car l'élément de Tchaïkowsky est bien plus la musique instrumentale que la musique scénique.

---

3. — MÉLODIES VOCALES. — ROMANCES.

En Russie, les compositeurs, de même que le peuple, ont toujours montré une grande prédilection pour la musique vocale; c'est pourquoi les romances — cette musique de chambre vocale — sont très répandues dans ce pays, et une foule de musiciens ont exercé sur ce genre leur invention mélodique.

Le père de la romance russe, de même que le fondateur de l'opéra, est toujours le même Michel Glinka. Il est vrai que beaucoup de romances ont été écrites avant les siennes; on ne peut même nier que parmi ses prédécesseurs il n'y ait eu des hommes de talent, comme Alabieff, Varlamoff, dont quelques mélodies se distinguent par des qualités réelles et par le vrai coloris national; mais chez tous ces précurseurs de Glinka, la technique était trop faible, tous étaient des amateurs plutôt que des musiciens, et impuissants, par conséquent, à donner une base solide à ce genre de musique.

Dans ses romances comme dans ses opéras, Glinka est l'homme de génie qui suit plutôt ses admirables instincts que des principes stables et raisonnés. Le texte n'a pas toujours dûment fixé son attention, et la musique de beaucoup de ses romances a été écrite avant les paroles. Néanmoins, son heureuse inspiration et son instinct supérieur paraient à ces inconvénients. La déclamation est chez lui presque toujours correcte, et quand, saisi par la beauté du texte, il écrivait ensuite sa musique, il créait de véritables chefs-d'œuvre, irréprochables sous tous les rapports.

Les romances de Glinka sont très mélodiques et se chantent parfaitement; leur forme est claire, arrondie, leur accompagnement d'une simplicité parfois trop grande. Glinka ne poursuivait aucun des problèmes musicaux modernes dans ses romances; il ne développait pas le détail ; il se contentait de rendre le sentiment général du texte par une musique agréable et d'une exécution facile. A l'heure qu'il est, beaucoup de ses romances ont l'air suranné, surtout celles de sa jeunesse, où l'on trouve des italianismes de la plus parfaite banalité, et dont les formules mélodiques et les accompagnements sont par trop naïfs. Par contre, il en est qui ont conservé jusqu'à présent toute leur fraîcheur, toute la force de l'inspiration qui les a dictées. Une des plus remarquables, et qu'il est indispensable de citer, c'est la ballade célèbre : *la Revue de minuit.*

C'est la grande revue
Que passe à minuit César décédé....

On ne saurait trouver la réunion plus parfaite d'une admirable déclamation et d'un vigoureux coloris, avec une musique pleine de force et en même temps de simplicité. Il n'appartient qu'au génie d'obtenir de tels résultats avec des moyens aussi restreints.

Dargomijsky a surpassé Glinka dans la romance. Nous avons vu plus haut que, comme compositeur, c'était exclusivement un *vocaliste;* que si sa musique manquait de largeur, elle possédait le charme intime, la délicatesse du détail; que

Dargomijsky était, si l'on peut s'exprimer ainsi, un psychologue musical. Or, toutes ces qualités sont surtout à leur place dans les romances. Les meilleures de ces pièces vocales écrites par Dargomijsky n'ont pas de rivales jusqu'ici dans la littérature musicale russe. Sa déclamation toujours vraie, ses phrases musicales parfaitement fondues avec le texte, font de ses romances autant de sujets dignes d'une étude approfondie. Elles se distinguent encore par la variété, l'inspiration mélodique, le faire tout personnel et un profond sentiment.

Quelques-unes de ces mélodies sont du genre comique ; tantôt c'est la gaieté franche et pleine d'abandon, d'un effet irrésistible: tantôt c'est ce qu'on appellerait volontiers le comique sérieux, c'est la tristesse voilée qui serre votre cœur et vous fait pleurer à travers le sourire. C'est surtout là que Dargomijsky a distancé Glinka, dont le comique ne va pas plus loin que le genre bouffe italien, fondé principalement sur le *parlando* précipité.

Dargomijsky, enfin, a écrit un certain nombre de romances d'un caractère éminemment national.

Les accompagnements de Dargomijsky, ainsi que ceux de Glinka, sont très simples et un peu uniformes. Toutes ses romances sont parfaitement écrites pour la voix. Il est impossible de citer toutes celles qui le mériteraient, mais il faut mentionner sa ballade *le Paladin*, chef-d'œuvre admirable de force et de profondeur, de concision et de pittoresque.

La nouvelle école russe a aussi beaucoup cultivé la mélodie vocale et n'a pas été sans influence sur ses progrès. Son éducation s'est faite avec les romances de Glinka et de Dargomijsky, et elle conserve pieusement les traditions de ces deux grands maîtres.

L'union intime de la musique avec le texte ; une déclamation naturelle et vraie; la conformité des formes musicales avec les formes du texte; la prépondérance du rôle de la voix, —

tels sont ses principes. Mais indépendamment de ces dogmes fondamentaux, elle a ajouté aussi du sien dans ce genre de composition : la richesse et la variété moderne de l'harmonisation et des accompagnements, plus de nerf, plus de pittoresque et l'horreur invincible du banal.

Les meilleurs auteurs contemporains de romances, les plus dignes d'une attention sérieuse, sont ceux que nous allons énumérer.

Balakireff. Musicien de premier ordre, juge inexorable pour ses propres compositions, connaissant à fond toute la littérature musicale, tant ancienne que moderne, Balakireff est surtout symphoniste. En fait de musique vocale, il n'a écrit qu'une vingtaine de romances, qui se distinguent par des mélodies limpides et larges, par des accompagnements élégants, souvent par la passion et l'entraînement. Le lyrisme y domine. Ce sont des élans du cœur, exprimés par une musique délicieuse. Comme forme, les romances de Balakireff sont le trait d'union entre celles de Glinka et de Dargomijsky, et celles des compositeurs qui vont suivre.

Rimsky-Korsakoff. Chez ce compositeur, la romance a un caractère tout spécial. La plupart des morceaux de ce genre qu'il a écrits sont des romances descriptives : admirables paysages, peints avec les plus attrayantes couleurs musicales. Ses phrases musicales, courtes pour la plupart, sont faites pour être *dites* plutôt que chantées ; ses accompagnements sont riches ; il s'exhale enfin de l'ensemble une poésie tout embaumée. Il y a aussi quelques romances de Korsakoff empreintes d'un lyrisme passionné ; mais c'est l'exception.

Borodine est encore un symphoniste. Il n'a écrit que très peu de romances, mais elles sont d'une beauté et d'une originalité achevées. Borodine est un mélodiste large, facile et passionné, et en même temps un harmoniste délicat; ses thèmes sont accompagnés avec infiniment de goût, d'une manière neuve et piquante. Ainsi l'harmonisation de sa *Belle au bois dormant* est fondée en entier sur des successions de secondes, qui lui communiquent un caractère mystérieux et un coloris d'une adorable fraîcheur :

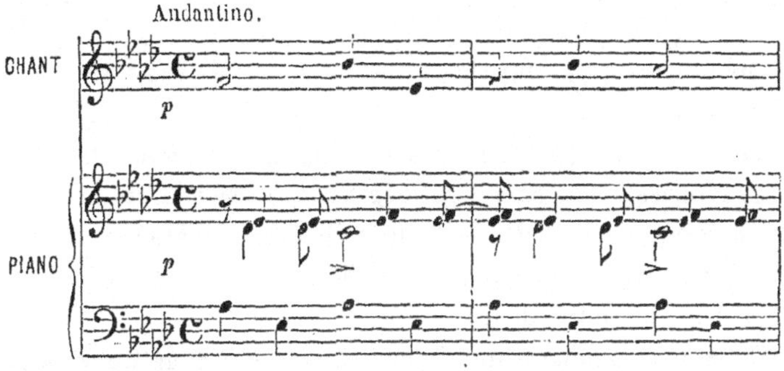

MOUSSORGSKY est le même dans ses romances que dans ses opéras. Mêmes défauts, mêmes qualités : des harmonies âpres, rudes, souvent peu naturelles ; des modulations incorrectes ; un réalisme trop cru ; mais en même temps une physionomie originale ; beaucoup de virilité, d'énergie dans l'expression ; une déclamation parfaite et une grande variété. Ses meilleures romances produisent une très forte impression par le sentiment profond et souvent même tragique dont elles sont imprégnées.

TCHAÏKOWSKY. Les défauts de la musique vocale de ce compositeur remarquable, défauts que nous avons signalés dans ses opéras, sont encore plus visibles dans ses romances, car leur facture exige plus de finesse et plus de soin que la musique d'opéra. La discordance entre les exigences du texte et la musique, les répétitions des paroles, les rythmes mal compris, tout cela frappe l'œil dans les petites pièces vocales de Tchaïkowsky. Mais la musique de ces morceaux, considérée absolument, a une sérieuse valeur; abstraction faite du texte, on ne peut qu'en faire l'éloge. Les romances de Tchaïkowsky charment ceux qui peuvent écouter la musique vocale sans se soucier des paroles. Disons encore que leur accent est un peu monotone; il résonne presque toujours sur la même lyre mélancolique.

Quelques mots, pour terminer ce chapitre, sur Davidoff et Napravnik.

Les romances de Davidoff sont écrites avec goût, finement harmonisées, d'un caractère élégiaque un peu uniforme. Elles ne sont pas exemptes des défauts de forme analogues à ceux que nous avons rencontrés chez Tchaïkowsky, mais elles le sont à un moindre degré.

Dans les romances de Napravnik, il y a plus de variété; sous le rapport de la forme, elles sont irréprochables, mais la musique en est moins jolie et moins fine que chez Davidoff.

Par ce qui vient d'être dit, on voit que la romance a atteint en Russie un haut degré de perfection, et que nombre de productions de ce genre peuvent heureusement rivaliser avec les meilleurs *lieder* de F. Schubert, de Schumann, de Liszt et d'autres compositeurs, reconnus maîtres dans ce genre plein de charme et d'attrait.

II

MUSIQUE INSTRUMENTALE

MUSIQUE SYMPHONIQUE

Quel que soit le genre dont on parle, quand il s'agit de musique russe, c'est toujours par Glinka qu'il faut commencer. Ce maître a laissé peu de musique symphonique, mais ce peu est magnifique. Outre les ouvertures de ses opéras, dont une, celle de *Rousslan,* se distingue par sa concision, sa netteté, sa chaleur et la beauté de ses thèmes, il a encore écrit l'ouverture et les entr'actes du drame *le Prince Kholmsky,* deux ouvertures sur des thèmes espagnols, *la Jota Aragonesa* et *Une Nuit à Madrid,* et enfin *Kamarinskaïa,* ouverture ou fantaisie symphonique sur deux thèmes nationaux russes.

Kholmsky a été composé en même temps que Glinka écrivait son *Rousslan.* L'ouverture est remarquable par une forme serrée, par l'énergie, par une très heureuse réunion de deux thèmes ; la fin seulement est un peu plus pâle et tant soit peu prolixe. — Les entr'actes sont de véritables chefs-d'œuvre d'expression, d'une inspiration facile et en même temps pleins des plus sérieuses qualités musicales. C'est un digne pendant de l'ouverture et des entr'actes d'*Egmont* de Beethoven.

Les trois derniers morceaux symphoniques datent de la fin de la carrière musicale de Glinka, et peuvent compter parmi ses ouvrages les plus remarquables. Peu de compositions musicales modernes peuvent leur être comparées, pour la fraîcheur du coloris, l'originalité et la poésie (*Une Nuit à Madrid*), pour la force et la largeur du style, tout beethovénien (*la Jota Aragonesa*), pour la finesse, l'élégance, l'humour étincelant (*Kamarinskaïa*).

Dans tous ces ouvrages, Glinka manie en maître les formes symphoniques. L'exposition des thèmes est toujours claire; le *mittelsatz*, la partie du milieu ou développement, du plus haut intérêt ; le retour des thèmes, très heureusement amené ; les conclusions, neuves et variées.

Dargomijsky avait peu d'aptitude pour la musique symphonique. Son ouverture de *la Roussalka* est assez médiocre. Mais il a laissé trois pièces symphoniques du genre comique, sorte d'ouvertures ou plutôt de fantaisies, qui sont dignes de toute attention. Ce sont *le Kazatchok*, *Baba-Yaga* (ou *Du Volga à Riga*), et *la Finlandaise*. Dans ces trois compositions et surtout dans les deux dernières, le comique a une physionomie toute particulière à l'auteur. Ce n'est ni la joie éclatante, ni la gaieté douce ; c'est le bizarre, le grotesque, frisant la caricature, mais sans mentir pour cela à la dignité artistique. On le trouve dans les thèmes, dans leur développement, dans leur harmonisation ultra-originale et piquante, enfin dans une instrumentation tout étrange ; il enchâsse, à l'occasion, des phrases gracieuses, des pages pleines d'intérêt, des épisodes d'une grande énergie, qui forment avec lui un charmant contraste. Ces trois fantaisies sont originales au plus haut point et vraiment uniques en leur genre ; elles suffiraient presque à caractériser la puissante individualité de Dargomijsky.

Balakireff a écrit trois ouvertures sur des thèmes nationaux russes et tchèques, et une partition symphonique (ouverture et entr'actes) pour *le Roi Lear* de Shakespeare. La nouvelle école russe a eu, sur le développement de la musique symphonique, une influence analogue à celle que nous avons signalée à propos de l'opéra et de la romance. Ainsi Balakireff en a modernisé l'harmonisation et l'instrumentation. Sous sa main habile, le même thème change d'aspect à chaque instant ; tantôt il apparaît tendre et doux, tantôt rude et énergique ; de courts fragments du motif amènent, avec un grand effet, le motif entier dans toute sa splendeur ; ces mêmes fragments servent parfois à construire des thèmes nouveaux. En outre, Balakireff a cherché à innover dans les formes mêmes ; par exemple, après avoir épuisé un thème dans la partie du développement, il évite de le reprendre à la fin du morceau.

Si l'on peut faire quelque reproche aux trois ouvertures, c'est qu'il y a un peu trop de mosaïque dans leur construction. La partition du *Roi Lear* est exempte de ce défaut. C'est le chef-d'œuvre de Balakireff. La musique y coule de source ; le thème de Cordelia est d'un charme sympathique ; celui de Lear, d'une grandeur et en même temps d'une simplicité remarquables. Cette musique, vraiment écrite avec le cœur et de main de maître, produit une impression ineffaçable.

L'instrumentation de Balakireff est d'une correction classique, d'une grande discrétion de moyens, et en même temps elle arrive à produire la beauté idéale du son.

C'est à Rimsky-Korsakoff que revient l'honneur d'avoir écrit, en Russie, la première symphonie proprement dite. Il l'a composée fort jeune. Elle manque de maturité, dans l'idée et dans la forme, et plus d'une fois l'inexpérience et la naïveté du débutant s'y font remarquer. Toutefois, elle porte la marque indéniable du talent à son aurore. Depuis, Korsakoff a bien tenu les promesses de son début dans ses tableaux symphoniques *Sadko* et *Antar*. Parlons d'abord des défauts de ces ouvrages. Les thèmes manquent parfois d'originalité et de largeur mélodique; Korsakoff se contente presque toujours de phrases musicales courtes. Le développement de ces phrases n'est pas toujours heureux, car au lieu de les élargir, le compositeur se contente de les reproduire dans divers tons, en variant l'instrumentation et les contrepoints. De là une certaine uniformité et de trop nombreuses répétitions.

Mais, pour ces quelques imperfections, que de splendides qualités dans ces tableaux symphoniques! que de goût, d'élégance, et quelles éblouissantes couleurs orchestrales!

Sadko est l' « illustration » musicale d'une légende populaire, et se compose de trois parties reliées entre elles. La première, où le musicien a dépeint la mer, et la troisième, qui est une danse d'un irrésistible entrain, contiennent des beautés de premier ordre. La seconde partie est un peu plus faible : les défauts signalés plus haut s'y font sentir.

Antar, plus développé que *Sadko*, est de même une symphonie descriptive. En voici le programme. Première partie : Antar est au désert : il sauve une gazelle d'un oiseau de proie. La gazelle est une fée, qui récompense son libérateur en lui accordant trois jouissances. (Toute cette partie, qui commence et finit par l'image du désert désolé et sans bornes, est digne du pinceau magique de Korsakoff). Seconde partie : la jouissance du pouvoir (marche orientale, chef-d'œuvre de la plus fine et la plus brillante instrumentation). Troisième partie : la jouissance de la vengeance (un allegro rude, sauvage, sans frein, avec des *crescendo* semblables au déchaînement des vents furieux). Dernière partie : la jouissance de l'amour, au milieu de laquelle Antar expire (délicat, poétique, délicieux andante, où parfois l'on désirerait plus d'entraînement dans la passion).

Borodine a écrit deux symphonies. Ce sont des œuvres remarquables, très individuelles et intéressantes au plus haut degré. Nous avons déjà vu plus haut que ce compositeur est un grand mélodiste et un harmoniste hors ligne. Toutes les ressources des plus riches combinaisons sonores lui sont familières. Parfois même il en abuse; l'accord parfait n'apparaît alors chez lui qu'à l'état d'exception. — Il manie le contrepoint avec la même facilité. Il lance, pour ainsi dire, ses phrases mélodiques l'une après l'autre; il les fait se rencontrer, s'entre-croiser, avec une dextérité sans pareille et avec une pureté harmonique irréprochable.

Le défaut des symphonies de Borodine, c'est une sorte d'inquiétude nerveuse, qui lui fait changer presque à chaque pas de mesure et de rythme, surtout dans les *andante*. En musique vocale, ces changements sont souvent indispensables, par suite des exigences du texte, dont la prosodie les justifie et rend leur intelligence facile. Mais dans la musique instrumentale, il faut en user avec une grande réserve. Les rythmes nouveaux, arrivant fréquemment et d'une manière inattendue, portent préjudice à la clarté des idées musicales, et rendent incompréhensibles des périodes entières, si l'auditeur n'a pas la précaution de suivre des yeux la baguette du chef d'orchestre. Mais malgré ce défaut, et malgré un certain penchant à la complication en toutes choses, les deux symphonies de Borodine sont des œuvres où le talent et l'originalité abondent, et dont le musicien étudiera avec le plus grand intérêt les riches détails.

Tchaïkowsky, nous l'avons dit, est l'homme de la symphonie bien plus que de la musique vocale. Sa fantaisie, délivrée des entraves du texte et de la déclamation, prend un essor plus large et plus libre dans le champ instrumental. Là, les variations rythmiques, les contrepoints, les imitations, qu'il affectionne tant, ont toute leur raison d'être, tandis que la clarté nécessaire à la musique vocale souffrirait de l'emploi trop fréquent de ces accessoires. La musique symphonique de Tchaïkowsky se distingue par une grande richesse de thèmes et de développements, d'harmonie et d'instrumentation. Mais ces dons précieux ne sont pas tous parfaitement équilibrés chez lui. Ainsi, il est trop peu sévère dans le choix de ses idées mélodiques, où l'on est choqué de rencontrer, à côté de thèmes vraiment délicieux, des mélodies fort ordinaires, vulgaires même. Il est fâcheux aussi, comme nous l'avons déjà vu, que la profondeur et la force fassent défaut à Tchaïkowsky. Il affectionne les mélodies légères, gracieuses, aimables, les rythmes de danses ; il se complaît dans un milieu sentimental, tant soit peu monotone. Dans ses développements, il y a de la prolixité ; les liaisons entre ses thèmes sont faites parfois trop sommairement. Sa manière d'écrire n'est pas assez châtiée ; son style symphonique dégénère quelquefois en style dramatique et mélodramatique.

L'harmonisation de Tchaïkowsky, en général fraîche, riche et intéressante, est parfois recherchée et manque de naturel. Quant à son instrumentation, elle est fort belle, d'une grande vivacité de coloris et d'un grand effet. Il joue des timbres de l'orchestre avec une facilité admirable.

Pour nous résumer, nous dirons que Tchaïkowsky est un musicien d'un talent hors ligne, mais qu'il abuse de sa facilité technique ; il n'est pas un juge assez rigoureux pour lui-même, il écrit trop, et la quantité de ses ouvrages nuit à leurs qualités. Et pour tout dire, ce que nous aurions aimé à trouver dans l'œuvre de Tchaïkowsky, c'est un peu plus de progrès sur lui-même, et une différence plus marquée entre les derniers ouvrages du compositeur et ceux de ses débuts.

Les ouvrages symphoniques les plus remarquables de Tchaïkowsky sont les suivants :

Ouverture de *Roméo et Juliette*, où les mélodies sont d'une beauté et d'une passion superbes, mais mal liées entre elles

Fantaisie sur *la Tempête* de Shakespeare, tableau musical aux couleurs variées et éclatantes ;

Deuxième symphonie, où l'on remarque un finale magnifique, construit sur un thème national petit-russien.

Rubinstein n'a pas seulement écrit des opéras sur des textes nationaux ; il a voulu faire aussi de la musique symphonique russe, et a composé une symphonie (n° 5, op. 107), un concerto pour violoncelle, un *Caprice russe* (pour piano avec orchestre), nombre de pièces pour piano, etc., dans le genre russe et même sur des thèmes nationaux. Mais, de toute sa musique, c'est encore ce qui lui a le moins réussi. Quoique Russe de naissance et ayant beaucoup fait pour le développement de la musique dans son pays, Rubinstein est un compositeur *allemand*, successeur direct de Mendelssohn. Il traite les mélodies russes à la manière allemande, ce qui constitue un amalgame des moins esthétiques. Des thèmes russes, il a moins saisi l'esprit que le côté extérieur, c'est-à-dire certaines cadences, certains contours mélodiques. Il n'utilise que deux types dans les mélodies populaires : celui du chant mélancolique et celui de la danse désordonnée, d'une gaieté effrénée (le *trépetchok*) ; il reste étranger à la poésie, à la profondeur, à la beauté tranquille de nos chants nationaux. C'est pourquoi sa musique *russe* est monotone et fatigante. *Ivan le Terrible* constitue peut-être la seule, mais très agréable exception à ce qui vient d'être dit. Ce tableau symphonique, où le génie national russe a mis assez nettement son empreinte, se recommande par des qualités musicales incontestables. La fantaisie orchestrale *Don Quichotte*, pleine de verve et d'esprit, un des ouvrages les plus réussis de Rubinstein, quoique traitant un sujet espagnol, appartient aussi sans conteste à l'école russe par ses formes et son côté humoristique.

Napravnik, enfin, peut clore la liste de nos symphonistes.

Cet artiste est un admirable chef d'orchestre, hautement apprécié pour la manière dont il remplit ces fonctions à l'Opéra russe et à la Société musicale russe. Pendant toute la saison musicale, du mois de septembre au mois de mai, il est absorbé par le travail des représentations, des répétitions, des concerts, et il s'acquitte de sa tâche avec l'énergie d'un caractère de fer, que rien ne peut entamer. Pendant l'été, il se repose en composant. Il est très fécond dans tous les genres. Il a écrit un opéra, *les Nijnégorodtsy* (les citoyens de Nijni-Novgorod), des romances, des quatuors, des symphonies. Sa musique est celle d'un chef d'orchestre de talent, écrite facilement, dans des formes convenables, bien instrumentée, mais qui n'atteint pas aux hautes cîmes de l'art. Elle manque en général d'originalité et de finesse, mais non d'intérêt, surtout en ce qui concerne l'harmonie. Son meilleur ouvrage symphonique est *le Démon*, composition richement nuancée à l'orientale, et dont l'intérêt ne faiblit pas un instant. On peut encore citer ses *Danses nationales*. Ce sont six pièces qui ne manquent pas de charme et de relief; mais pour la valeur musicale, elles cèdent le pas au *Démon*.

MUSIQUE DE CHAMBRE

Les compositeurs russes n'ont commencé que fort tard à cultiver la musique de chambre, Glinka, Dargomijsky et Séroff n'ont rien écrit dans ce genre, sauf quelques essais de jeunesse, très imparfaits et qui ne méritent nullement de fixer l'attention.

Le premier quatuor digne de ce nom a été écrit par AFANASIEFF. Ce quatuor, intitué *le Volga*, est plein d'élégance, de goût, parfaitement instrumenté et imprégné d'une agréable saveur nationale.

Dans la musique de chambre, c'est à TCHAÏKOWSKY que revient la palme. Son abondance mélodique, sa belle manière de traiter la polyphonie en conservant l'indépendance de chaque partie, son habileté dans l'emploi des instruments, ont trouvé une heureuse application dans ses quatuors. La plus remarquable de ces œuvres de grande valeur est celle qui porte le numéro 2; c'est aussi probablement le chef-d'œuvre de Tchaïkowsky. Il est vrai que la première partie est un peu diffuse; on y trouve des exagérations harmoniques et chromatiques et trop de syncopes. Mais les autres parties sont admirables. L'andante est d'une belle couleur mélodique; le scherzo est d'une originalité et d'une fraîcheur incomparables ; son rythme en 7/4 est neuf, hardi et en même temps naturel :

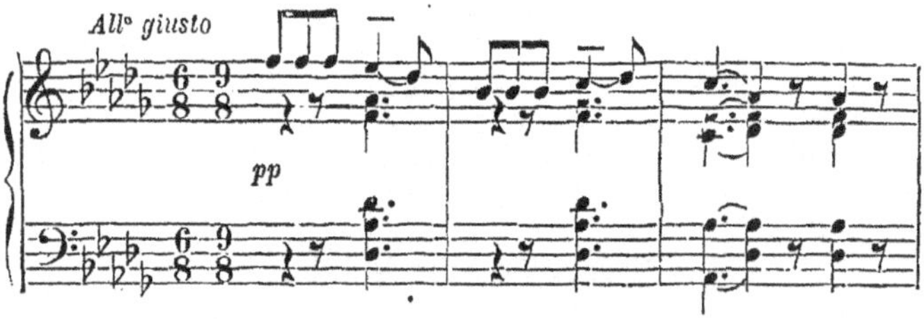

Le finale est attrayant, entraînant et plein de caractère.

La musique de chambre de Napravnik a de grandes qualités. Cet artiste a écrit un quatuor et un trio de piano, qui ont obtenu un succès mérité.

Les œuvres de musique de chambre de Korsakoff sont ce qu'a écrit de plus faible ce compositeur d'un talent si remarquable.

Davidoff est l'auteur d'un sextuor dont le très sérieux mérite a été fort apprécié.

MUSIQUE DE PIANO

La musique de piano seul a été encore moins cultivée que la musique d'ensemble par les compositeurs russes, qui sont avant tout musiciens et non virtuoses. Néanmoins, même dans ce genre, il existe dans notre littérature musicale quelques œuvres de valeur.

Glinka a écrit quelques petites pièces avec beaucoup de goût, de finesse, d'élégance ; entre autres le *Souvenir d'une mazurka*, nullement indigne d'entrer en comparaison avec les mazurkas de Chopin, que Glinka est d'ailleurs loin de copier.

Dargomijsky est l'auteur d'une *Tarentelle slavonne* à trois mains pleine d'originalité et d'esprit. L'une des deux parties, celle de gauche, est destinée aux *virtuoses* absolument ignorants de l'art de jouer du piano ; elle se compose d'une seule note, que l'exécutant répète tout le long du morceau. Sur cette pédale obstinée, Dargomijsky construit les plus ingénieuses combinaisons harmoniques et mélodiques. C'est une pièce pleine d'intérêt, de piquant et en même temps très musicale — Tout récemment, Liszt en a fait une admirable transcription à deux mains.

Laskovsky a beaucoup composé, et exclusivement pour le piano. C'était un homme de goût et de talent, mais possédant d'une manière insuffisante la technique de l'art musical et incapable d'aborder la grande composition. Dans la sphère restreinte et modeste du piano, il a produit nombre de pièces pleines d'élégance et de caractère, s'inspirant pour la plupart du génie poétique de Chopin.

Balakireff a écrit quelques jolies mazurkas; il a fait aussi de belles transcriptions, les unes de difficulté moyenne (l'ouverture de *la Fuite en Égypte* de Berlioz), les autres destinées au concert (la *Jota aragonesa* de Glinka. — Il a également fait la transcription à quatre mains de *Harold en Italie*, de Berlioz. Mais son chef-d'œuvre est une grande fantaisie orientale de concert, intitulée *Islamey*. Tout ce qu'on peut imaginer de fin et d'élégant en modulations et en harmonies, de beau et de séduisant en fait de thèmes, se trouve dans cette fantaisie, œuvre capitale dans la littérature du piano. Chaque page, chaque mesure est digne d'attention et d'étude. Cette incomparable délicatesse du travail est même nuisible à l'œuvre, au point de vue pratique, car elle exige de l'exécutant un mécanisme hors ligne et une manière de phraser irréprochable, et de l'auditeur un certain développement musical et l'art de savoir écouter.

De Tchaïkowsky, nous possédons un très joli concerto de piano, en *si bémol* mineur, et plusieurs recueils de petites pièces. Ces dernières sont si intéressantes, si ingénieuses, si finement traitées, qu'on peut les placer au nombre des plus heureuses inspirations de ce fécond musicien. Elles ne jouissent pas encore d'une grande vogue; elles la méritent cependant à tous les points de vue.

La Russie est pour Adolphe Henselt une seconde patrie; cet artiste distingué habite Pétersbourg depuis de longues années. Mais de même que Rubinstein, la nature de son talent le rapproche trop de l'Europe occidentale pour que la Russie puisse le revendiquer comme sien. C'est pourquoi il ne figurera ici que pour mémoire. Qui ne connaît, du reste, ses compositions sympathiques, tendres, élégiaques, et qui ne regrette qu'il ait si prématurément cessé d'écrire?

Nous ne pouvons parler de la musique de piano en Russie sans mentionner deux jeunes talents qui n'ont pas encore donné toute leur mesure, mais qui, très probablement, iront loin.

Liadoff et Chtcherbatcheff ont beaucoup de qualités communes : une facilité d'invention remarquable, un grand sens musical, de la richesse et de l'élégance dans l'harmonie. Leur individualité, comme chez tous les débutants, n'a pas encore eu le temps de se développer complètement. Liadoff a subi surtout l'influence de Schumann, Chtcherbatcheff celle de Liszt. Liadoff est plus maître de la partie technique de l'art ; la personnalité de Chtcherbatcheff est un peu plus tranchée. Liadoff a écrit un recueil de petites pièces, sous le titre de *Birioulki* (1). C'est une série de scènes gracieuses et fraîches, rappelant pour le charme le *Carnaval* de Schumann. On voudrait leur reprocher l'uniformité de leur contexture (le thème, la réplique et la reprise du thème), qu'on ne le pourrait, car on n'éprouve réellement pas le sentiment du défaut de variété, tant ces pièces sont divinement jolies. Les *Arabesques* de Liadoff (4 pièces), aussi belles comme musique que les *Birioulki*, ont des formes plus larges et plus variées et marquent un notable progrès chez leur auteur.

Chtcherbatcheff, dans ses *Zig-zags* et dans ses *Pantomimes*

---

(1) Ce mot désigne un jeu analogue à celui qu'on appelle en France jeu des *jonchets* : on jette au hasard une foule de petits objets, de buchettes par exemple, sur une table, et il s'agit de les dégager un par un, sans en faire mouvoir d'autre que celui qu'on tire.

et féeries, fait preuve d'autant d'imagination et de pittoresque que de sens musical ; on pourrait seulement y remarquer trop de recherches et une certaine excentricité. Le second des recueils, postérieur à l'autre, lui est aussi préférable.

En somme, ces deux jeunes compositeurs ont brillamment débuté ; qu'il leur soit donné de tenir les belles promesses de leur entrée dans la carrière.

III

MOYENS D'EXÉCUTION

THÉATRES LYRIQUES

Saint-Pétersbourg possède deux théâtres lyriques : l'Opéra russe et l'Opéra italien. Tous les deux sont administrés par la Direction des théâtres impériaux, qui fait partie du ministère de la Cour.

Malgré l'usage universel, malgré le sentiment si naturel et si respectable de la nationalité, l'Opéra italien, grâce à la Direction des théâtres, se trouve dans de bien meilleures conditions que l'Opéra russe. Les Italiens ont six représentations par semaine, les Russes n'en ont que quatre. Les Italiens possèdent une quantité innombrable de *prime donne,* ténors, barytons et basses, et deux chefs d'orchestre ; tout ce monde est fastueusement rétribué. Les Russes n'ont qu'un seul chef d'orchestre, un personnel restreint, à peine suffisant, et qui n'est rétribué convenablement que depuis peu. Il n'y a pas longtemps encore, il existait une loi d'après laquelle un compositeur russe *n'avait pas le droit* de recevoir pour son opéra plus de 1,143 roubles (4,000 roubles assignats ou 4,000 fr.), tandis que les honoraires d'un étranger n'étaient limités à aucun chiffre. C'est ainsi que *le Convive de pierre*, le chef-d'œuvre de Dargomijsky, a été payé par la Direction des théâtres 1,143 roubles, tandis que Verdi, pour sa *Forza del destino*, de triste mémoire, a reçu une soixantaine de mille francs. Et malgré l'abrogation — assez récente d'ailleurs — de cette disposition si peu équitable, il nous est permis de dire encore que, au milieu du vif mouvement de la Russie vers le progrès, les lois relatives au théâtre sont restées empreintes de l'esprit d'autrefois.

Encore un fait original : le maximum des appointements d'un premier sujet était fixé au même chiffre cabalistique de 1,143 roubles. Mais, en outre, le chanteur recevait des feux, un bénéfice, et après 20 ans de service il continuait à recevoir ses appointements à titre de pension, jusqu'à la fin de sa vie. L'auteur de l'opéra, lui, recevait les 1,143 roubles une fois payés, pour un travail de plusieurs années peut-être. Telle était l'estime en laquelle la Direction des théâtres tenait les compositeurs nationaux!

Mais revenons à l'Opéra italien et aux avantages dont il jouit. Le théâtre où on l'a logé est d'une acoustique magnifique, tandis que les artistes russes chantent dans une salle qui a été jadis un cirque, et dont la résonnance est si déplorable, qu'elle agit d'une manière vraiment destructive sur la voix des chanteurs. Tout cela, comme on le voit, est parfaitement anormal; mais il est difficile de prédire quand cet ordre de choses fera place à un autre plus rationnel.

En principe, on ne pourrait rien dire, sans être taxé de fanatisme, contre l'existence de l'Opéra italien, si ce théâtre satisfaisait aux conditions suivantes :

1° Une exécution hors ligne, capable de procurer au public de hautes jouissances artistiques et de servir d'école aux chanteurs russes. Tel était jadis l'Opéra italien en Russie, lorsqu'il possédait une réunion d'artistes de premier ordre comme Rubini, Tamburini, Ronconi, Lablache, Mario, Mmes Grisi, Persiani, Bosio, Viardot. Mais que ces temps sont loin de nous ! Depuis, on s'est contenté d'une seule étoile, Patti ou Nilsson, entourée de nébuleuses. Maintenant on se contente de nébuleuses sans aucune étoile.

2° Le répertoire italien devrait compléter celui de l'Opéra russe, et ce dernier devrait être réservé uniquement aux compositeurs russes; il faudrait donc que l'Opéra italien, — ou tout autre non russe, — exécutât les ouvrages les plus saillants des autres écoles : italienne, française ou allemande. Ce but, bien entendu, n'a jamais été poursuivi par nos entreprises d'opéra italien. *Lucia, la Sonnambula, il Trovatore; — il Trovatore, la Sonnambula, Lucia,* — voilà le fond de leur répertoire. Si Meyerbeer, Gounod, Wagner, trouvent quelquefois place à côté de Donizetti, de Bellini et de Verdi, c'est à titre d'exceptionnelle faveur. Cette pauvreté et cette uniformité du répertoire italien force l'Opéra russe à accorder une place considérable aux ouvrages étrangers, et cela au grand détriment des ouvrages russes, tant au point de vue de leur production dans le pays que de leur propagation à l'étranger. Sous ce dernier rapport, voici un moyen qui pourrait être aussi efficace qu'il est simple. Que la Direction des théâtres oblige l'Opéra italien à monter chaque année un ouvrage russe : de la sorte, les chanteurs feront, bon gré mal gré, connaissance avec la musique russe, et si elle leur agrée, ils pourront l'exécuter ailleurs qu'en Russie. Mais rien de pareil ne se fait, et la Direction des théâtres affiche pour l'art national une indifférence complète. On peut dire plus : ses agissements semblent avoir plutôt pour but l'abaissement et l'avilissement de cet art.

Nous considérons, en conséquence, l'existence de l'Opéra italien, tel qu'il existe présentement, comme nuisible, et sa suppression comme désirable. Il opprime l'Opéra russe et déprave le goût de nos dilettantes, que la mode fait assister régulièrement aux représentations italiennes. Car à quoi peut conduire l'audition à peu près exclusive de *Lucia* et de *la Sonnambula* pendant trente ans, si ce n'est à l'extinction de tout sentiment musical?

Les moyens d'exécution de l'Opéra russe sont restreints, mais très satisfaisants. Ce théâtre possède un chef d'orchestre hors ligne dans la personne de Napravnik. Musicien consommé, doué d'une énergie indomptable, maître parfait de son orchestre, il arrive à une exécution admirable de précision et d'ensemble. L'orchestre a d'ailleurs fait son éducation sur les ouvrages très ardus et très difficiles de l'école russe; conduit par un pareil chef, il est vraiment magnifique. Les difficultés n'existent pas pour lui; il surpasse de beaucoup l'orchestre de l'Opéra italien. Les chœurs sont également excellents, mais fatigués. Leurs émoluments sont si faibles, qu'ils sont obligés de chercher un gagne-pain en dehors du théâtre; par exemple, de chanter dans les églises. Les répétitions étant très fréquentes (car on monte d'ordinaire à l'Opéra russe trois ouvrages nouveaux par saison), il n'est que trop naturel que tant de travail accumulé fasse perdre bientôt à leur voix sa fraîcheur.

Les premiers sujets du chant, comme les membres de l'orchestre, ont aussi passé par une bonne école. Nous possédons d'excellents artistes, et de magnifiques et puissantes voix. Les talents hors ligne sont rares, comme partout; mais nous avons eu des chanteurs pouvant rivaliser avec les talents les plus distingués de l'Europe occidentale. Tels étaient Pétroff, Mme Pétrowa, Mme Léonowa, — pour ne parler que de ceux qui ont définitivement quitté la scène. Tous trois étaient des artistes complets, aussi éminents comme acteurs que comme chanteurs.

Le répertoire de l'Opéra russe offre cette particularité curieuse, que les petits opéras en un ou deux actes en sont complètement bannis : exclusion très fâcheuse pour les jeunes compositeurs, qui n'ont point d'occasion d'essayer leurs forces et doivent débuter par un grand ouvrage. La cause de cet étrange ostracisme est toute matérielle. Actuellement, la plupart de nos artistes ne reçoivent pas d'appointements fixes par saison, mais seulement des feux par représentation. Si le spectacle était composé de plusieurs pièces, il arriverait que les chanteurs qui ont déjà paru dans la première pièce, et qui par conséquent ont reçu leurs feux, ne voudraient pas prendre part à la seconde; et la Direction ne consentirait pas à payer de nouveaux feux à un nouveau personnel dans la même soirée. Donc, jusqu'à ce que cette réglementation illogique soit modifiée, les petits opéras resteront exclus du théâtre russe.

Outre les 1,143 roubles une fois payés, la loi indique encore une manière de rétribuer l'auteur : il a droit, sa vie durant, à la quinzième partie de la recette brute sur chaque représentation de son opéra. Après sa mort, l'ouvrage devient la propriété de la Direction des théâtres. Le librettiste n'est pas mentionné dans cette comptabilité : c'est qu'il est à la charge de l'auteur, qui lui achète son poème et traite avec lui à l'amiable. Les *billets d'auteurs* n'existent pas.

La saison de l'Opéra russe dure huit mois, de septembre à mai. Depuis quelques années seulement, il est permis de donner des représentations pendant le grand carême, la première et la dernière semaines exceptées ; on a ainsi comblé en partie le vide trop sensible que laissait dans la saison cette interruption de sept semaines.

Outre les deux Opéras de Saint-Pétersbourg, il y en a eu deux aussi à Moscou, italien et russe également. Les Italiens étaient protégés par la Direction, plus encore qu'à Pétersbourg, malgré tout et contre tous, car le public les goûtait peu, et leur budget ne se soldait jamais qu'en perte. Si l'on a toléré l'Opéra russe, ce n'était que pour représenter *la Vie pour le Tsar* les jours fériés. Mais les déficits des Italiens ont fini par prendre de telles proportions, qu'il a fallu renoncer à maintenir plus longtemps ce spectacle trop coûteux. Maintenant l'Opéra russe reste seul à Moscou, et il commence à revivre.

Outre les théâtres lyriques des deux capitales, il y en a encore à Kieff, à Kharkoff, à Odessa et à Tiflis ; leur exploitation est concédée à l'entreprise particulière. L'immense empire russe ne possède en tout que *six* scènes d'opéra russe. Combien il reste encore à faire sous ce rapport !

CONCERTS

A Saint-Pétersbourg, aucun concert ne peut être donné qu'avec l'agrément de la Direction des théâtres, laquelle n'accorde guère de permission que pendant le grand carême, sous prétexte que les concerts donnés à d'autres époques pourraient nuire aux recettes des théâtres impériaux, toujours un peu moins fréquentés durant ce temps de pénitence. D'où il résulte que la période du carême coïncide avec une invraisemblable agglomération de concerts, plusieurs se donnant chaque jour dans différentes salles, tandis qu'avant et après il n'y en a presque pas. Toutefois il existe, à Saint-Pétersbourg, plusieurs sociétés musicales auxquelles est octroyé le droit de donner des concerts n'importe quand. Les deux plus importantes sont la *Société musicale russe* et l'*École gratuite de musique.*

La *Société musicale russe* a été fondée par plusieurs fervents amis de l'art, agissant en dehors de tout concours officiel : entre autres A. Rubinstein, D. Stassoff, B. Kollogrivoff. Elle donne huit concerts chaque année (1). Son premier chef

---

(1) Pour la saison actuelle, ce nombre est porté à dix.

d'orchestre a été Rubinstein, auquel a succédé Balakireff: c'est maintenant Napravnik qui remplit ces fonctions. La Société a beaucoup fait pour le développement musical de Pétersbourg. Elle a habitué notre public à une excellente exécution, qui, peu à peu, a atteint une haute perfection. Il est vrai que les chœurs sont un peu faibles; mais il faut dire que la partie chorale — sauf dans les églises — est le côté faible de toute exécution musicale à Pétersbourg. Il existe fort peu de sociétés chorales, et leurs travaux se renferment dans un cercle assez étroit.

Avant la fondation de la Société, le niveau de l'intelligence musicale de Pétersbourg était peu élevé. En fait de musique sérieuse, on connaissait les symphonies de Beethoven (encore faut-il en excepter la neuvième), les ouvertures et les symphonies de Mendelssohn, un peu de Mozart, et c'est tout. La Société musicale a fait entendre la neuvième symphonie de Beethoven, ses deux messes; des œuvres nombreuses de Schumann, qui a bientôt tout à fait détrôné Mendelssohn, de Schubert, de Liszt, très connu comme pianiste, mais dont on ignorait les deux messes, les deux oratorios (*Sainte Elisabeth* et *Christus*), les poèmes symphoniques, les deux concertos de piano, la *Danse macabre*, œuvre de génie s'il en fut, les deux épisodes du *Faust* de Lenau (1). Tous ces ouvrages ont été exécutés en entier (excepté *Christus*, trop au-dessus de nos moyens d'exécution). Enfin, la *Société musicale russe* a fait connaître à notre public Berlioz, le plus grand et le plus profond des compositeurs français, et nous pouvons être fiers à bon

(1) Je suis fort étonné, je l'avoue, que Paris, où règne un mouvement musical si intense, et où s'est produit un revirement si radical d'opinion à l'égard de Berlioz, semble presque ignorer Liszt. Il y a tout lieu de croire cependant que la musique de Liszt, si riche de coloris, d'effet et de poésie, produirait partout une forte impression.

droit de l'avoir dignement apprécié pendant sa vie, tandis qu'il lui a fallu mourir pour être porté aux nues en France. Peu de concerts se donnaient sans quelque ouvrage de Berlioz. Il fut, comme on sait, invité par la Société musicale à venir diriger plusieurs concerts à Pétersbourg et à Moscou ; et au déclin de sa vie, brisé physiquement et moralement, tout meurtri de la lutte, aussi longue que sa vie, qu'il avait eu à soutenir, il trouva en Russie la consolation de se voir connu, compris, aimé et fêté.

La *Société musicale russe* a atteint son point culminant sous la direction de Balakireff. Maintenant, elle décline un peu. Les programmes de ses concerts ne sont plus ni aussi intéressants, ni aussi sérieux. Des œuvres médiocres s'y glissent souvent. Parmi les compositeurs contemporains russes, il n'y a que Tchaïkowsky et Napravnik qui soient reçus à bras ouverts; les autres sont en défaveur et à peine tolérés. En général, le caractère de ces concerts devient de plus en plus officiel et conservateur (1). Néanmoins, ils sont fort à la mode, et le public y afflue.

La Société musicale russe a des *sections* à Moscou, à Kharkoff, à Kieff et dans d'autres villes importantes de l'empire.

L'*Ecole gratuite de musique* a été fondée par Lomakine, — un admirable professeur et chef de chœurs, — et Balakireff. Son directeur et chef d'orchestre actuel est Rimsky-Korsakoff. Elle a pour but l'enseignement gratuit de la musique, et donne quelques concerts chaque année. Son exécution instrumentale n'est pas à la hauteur de celle de la Société musicale ; mais les chœurs y sont mieux interprétés et on en entend plus fréquemment. L'École gratuite a toujours chaleureusement servi la

---

(1) En ce moment, quelques symptômes font supposer que la Société est disposée à renoncer à cet exclusivisme et à rentrer dans la voie du progrès.

cause de la musique contemporaine, et spécialement de la nouvelle école russe, dont presque toutes les œuvres les plus remarquables ont été exécutées par elle pour la première fois. Les programmes de ses concerts, extrêmement intéressants, se sont toujours fait remarquer par le choix sévère des morceaux; et cet intérêt même a été parfois cause d'une certaine imperfection dans l'exécution, due à l'obligation que s'était imposée l'Ecole de faire entendre dans chaque concert beaucoup de musique nouvelle. Mais, malgré ces programmes fort remarquables, ou plutôt à cause de ces programmes, les concerts de l'Ecole gratuite ont moins de vogue que ceux de la Société musicale russe.

Encore une remarque au sujet des programmes de concerts : on exécute peu de musique de Wagner à Saint-Pétersbourg. Cela peut paraître étrange, parce que les tendances du réformateur saxon ont quelques points communs avec celles de nos compositeurs contemporains. Mais de telles divergences existent entre ceux-ci et Wagner dans la manière de réaliser ces tendances, que l'auteur de *Tristan* est fort loin d'avoir toutes les sympathies des musiciens russes.

A côté de ces deux groupes artistiques prépondérants, il y a encore la Société philharmonique et la Société des concerts; mais leur activité fort peu progressive ne mérite pas qu'on s'y arrête.

Saint-Pétersbourg a trois excellentes sociétés de quatuors, possédant toutes de hautes qualités. A leur tête on peut placer le Quatuor du Conservatoire, composé de Auer, Pickel, Weikmann et Davidoff. Il pourrait certainement rivaliser sans crainte avec les plus beaux quatuors de l'Europe. Son répertoire est extrêmement étendu et varié; mais presque toutes ses séances sont terminées par un des derniers quatuors de Beethoven, c'est-à-dire par ce qu'il y a de plus sublime dans toute la musique.

Disons encore que Saint-Pétersbourg a été favorisé de l'audition des plus grands artistes et virtuoses de l'Europe : Qu'il nous suffise de nommer Berlioz, Liszt, Wagner, Saint-Saëns, Tausig, Bülow, Mme Schumann, Mme Sophie Menter, Vieuxtemps, Joachim, Sarasate, etc. Si on ajoute à ces noms ceux aussi justement célèbres de nos virtuoses russes comme Antoine et Nicolas Rubinstein, Dreyschock, Henselt, Lechetitzky, pianiste d'un brio éblouissant et original, Mme Essipoff, son élève et aujourd'hui sa femme, le violoncelliste Davidoff, le violoniste Auer, etc., il sera facile de comprendre pourquoi le public russe, en véritable enfant gâté qu'il est, se montre si difficile à satisfaire sous le rapport de l'exécution.

CONSERVATOIRES

Un des grands services rendus par la Société musicale russe, c'est la création de deux Conservatoires, l'un à Saint-Pétersbourg, l'autre à Moscou. Le premier directeur du Conservatoire de Saint-Pétersbourg, fondé en 1861, a été Antoine Rubinstein ; il est dirigé actuellement par Davidoff. Le Conservatoire de Moscou garde jusqu'à présent son premier directeur, Nicolas Rubinstein. (Il existe encore un troisième Conservatoire à Varsovie, fondé par Apollinaire de Kontski, et dirigé aujourd'hui par Zarzycki). Le Conservatoire de Saint-Pétersbourg donne l'instruction musicale à plus de 500 élèves. On y enseigne la théorie, le chant et tous les instruments. Les premières années de l'existence de cette institution ont été brillantes ; elle possédait des professeurs du plus grand mérite, tels que Rubinstein, Lechetitzky, Dreyschock (piano), Davidoff (violoncelle), Auer (violon), Everardi, Mme Nissen-Saloman (chant).

Depuis lors, Rubinstein s'est retiré, Dreyschock, Mme Nissen-Saloman sont morts, Lechetitzky est allé se fixer à Vienne. Après le départ de ce dernier, il est vrai, on a de suite appelé M. L. Brassin; mais, malgré sa réputation, cet artiste peut bien occuper la place de Lechetitzky, mais non le remplacer.

Il n'est pas besoin de s'étendre longuement sur l'utilité des conservatoires, sur les moyens que ces établissements offrent d'étudier la musique sous tous ses aspects, même aux gens peu fortunés, sur les avantages du travail en commun. Mais pour bien remplir leur but, il faut : 1° que les conservatoires n'aient point de tendances rétrogrades; 2° qu'ils soient impartiaux envers toutes les écoles; 3° que leur but principal, et même leur but unique, soit de faire avant tout des musiciens. Malheureusement le Conservatoire de Saint-Pétersbourg ne satisfait point à toutes ces conditions. Il n'est pas rétrograde, certes, ni même absolument conservateur; il n'est pas ennemi du progrès; mais il n'est pas impartial. Il n'aime que ce qui est chez lui et qui sort de chez lui. Parmi les compositeurs contemporains russes, il adore Rubinstein, Davidoff et Tchaïkowsky, un ancien élève de l'institution; il abhorre la nouvelle école russe, dont les membres n'ont pas passé par le Conservatoire, par la raison que cet établissement n'existait pas encore quand ils ont commencé leur carrière musicale. Pas une note de leurs compositions n'est tolérée dans l'enceinte de l'établissement. Le Conservatoire ignore presque Dargomijsky et n'admet Glinka que par condescendance, tandis que c'est dans leurs œuvres que les élèves du Conservatoire devraient apprendre à bien écrire la musique vocale.

La troisième condition, celle de former avant tout d'excellents musiciens, est également loin d'être remplie par le Conservatoire d'une manière satisfaisante. On se soucie peu que les élèves sachent la musique à fond, pouvu qu'ils deviennent virtuoses. On a vu des élèves du Conservatoire, ayant fini leurs études, voire même munis d'un diplôme, se montrer d'une incroyable faiblesse sur la mesure et lire fort mal la musique.

L'étude du chant, particulièrement, prête le flanc à la critique. Au lieu de poser la voix, de la développer, de l'affermir et de l'assouplir systématiquement, on tâche de faire d'emblée un Raoul ou un Arnold d'un élève qui s'est trouvé possesseur d'un bel organe, qui n'a encore aucune idée ni de la musique, ni du chant. Par cette façon de procéder, on brise souvent la voix et la carrière des élèves les mieux doués. C'est ainsi que s'explique ce fait étrange, que le Conservatoire, malgré ses innombrables élèves, ait fourni si peu de bons chanteurs et de bonnes cantatrices ; ce qu'il en existe est devenu tel, on pourrait le dire, *malgré* le Conservatoire. Quelle est donc la raison de ce déplorable système d'études ? C'est que le Conservatoire ne traite pas l'enseignement du chant avec assez de sérieux ; c'est que sous ce rapport, il est un établissement d'agrément, de dilettantisme, plutôt que d'études solides ; il aime trop l'étalage et les dehors. Tous les ans, au Grand-Théâtre, on donne une ou deux représentations d'opéra, avec les élèves du Conservatoire pour interprètes. Ces représentations sont très courues, la crème du « tout Pétersbourg » y assiste, elles font le sujet de toutes les conversations et de maint article de journal. Le Conservatoire tire vanité d'un tel empressement et sacrifie tout au succès de ces représentations. Dès le commencement de l'année scolaire, on recrute les meilleures voix qu'on peut trouver. Arrive un ténor avec un *si* de poitrine : bravo ! Voilà un Arnold en espérance. Et le pauvre apprenti chanteur, inopinément métamorphosé en héros suisse, s'escrime toute l'année sur ce rôle difficile ; mais il étudie fort peu le chant et pas du tout la musique ; il ne connaît presque pas les notes et ignore à peu près ce que c'est que la mesure. Le grand jour arrive; l'élève, qui est parvenu à imiter assez bien quoique inconsciemment son maître, a du succès; on porte aux nues le Conservatoire. Et le malheureux débutant, trompé par les applaudissements, se croit un grand artiste; deux ans plus tard, il ne sait toujours rien, mais il a perdu sa voix; il n'a ni présent, ni avenir.

Tant que notre Conservatoire ne sortira pas de cette fatale ornière, tant qu'il ne renoncera pas à cette regrettable mise en scène, on ne peut s'attendre à lui voir produire des résultats sérieux et féconds pour la scène lyrique.

IV

CRITIQUE MUSICALE — PUBLIC — CONCLUSION

La critique en Russie, tant littéraire que musicale, celle qui s'occupe du théâtre comme celle qui juge les beaux-arts, offre plusieurs particularités tout à fait caractéristiques.

1° *Elle est sévère et implacable.* Toute œuvre d'art a ses côtés forts et ses côtés faibles. Ce sont, il faut bien le dire, les côtés faibles qui attirent toute l'attention de notre critique. Elle s'y arrête comme à plaisir, elle en parle longuement, elle est prête à les exagérer. Quant aux qualités de l'ouvrage, elle s'en occupe peu, elle les amoindrit presque, ou elle semble les ignorer.

2° *Elle ne se soumet pas aveuglément aux autorités.* Pour elle, les premiers ouvrages de Beethoven sont aussi faibles, les récitatifs instrumentaux de la neuvième symphonie aussi peu rationnels, que s'ils étaient l'œuvre d'un auteur parfaitement inconnu.

3° *Notre critique musicale est fière ;* elle ne condescend pas à analyser de frivoles productions musicales. Ainsi, le critique chargé de rendre compte des opéras sérieux et des concerts symphoniques, s'abstiendra d'apprécier l'opéra bouffe et l'opérette. C'est, à son sens, l'affaire d'un reporter.

4° *Elle s'occupe plus des œuvres exécutées que de l'exécution elle-même,* car l'interprétation change, c'est un élément variable, tandis que la critique ne peut toujours s'exercer sûrement que sur l'élément immuable, c'est-à-dire l'ouvrage.

5° *Le langage de notre critique musicale est tranchant,* et va parfois jusqu'à la grossièreté.

Cette dernière particularité est déplorable et rien ne peut faire excuser un langage qui ne prouve qu'un manque de tact et d'éducation, d'autant plus qu'on peut dire les vérités des plus désagréables de la manière la plus délicate, même la plus aimable. Mais j'avoue que les autres caractères de notre critique me sont parfaitement sympathiques, pourvu qu'on ne les pousse pas trop loin. Les arts sont le luxe suprême de l'esprit humain et de la civilisation. Dans les arts, on peut et on doit être exigeant. Un artisan, un pédagogue médiocres, s'ils travaillent avec savoir et conscience, peuvent être très utiles dans leur sphère et méritent soutien et considération. Mais un artiste médiocre est un être pernicieux; il déprave le goût du public; il concourt à habituer les masses au commun et au vulgaire, puis à le leur faire aimer. Si on ajoute à cela qu'une seule remarque critique vraie et juste est capable de faire plus de bien à l'auteur et au public que les louanges les plus pompeuses et souvent les plus vides, on conviendra que la sévérité est au plus haut point salutaire dans l'appréciation des œuvres d'art.

La Russie a possédé quelques critiques dignes d'être cités.

Oulibicheff, fanatique de Mozart, auteur d'une biographie détaillée de ce maître, écrite en français et qui n'est pas sans mérite, mais qui aujourd'hui pâlit singulièrement devant les grands ouvrages d'Otto Jahn et de Köchel;

De Lenz, son adversaire, fanatique de Beethoven, auteur de

plusieurs monographies écrites tant en français qu'en allemand, qui ont eu en leur temps une certaine vogue.

Séroff, le compositeur de *Rognéda*, admirablement doué comme critique. Il avait beaucoup d'esprit, possédait une instruction solide et variée, argumentait avec verve et chaleur, et maniait la langue avec un remarquable talent. Cependant, malgré ses brillantes qualités, Séroff n'a presque pas marqué dans la critique et n'a pour ainsi dire point exercé d'influence. C'est qu'il y avait peu de stabilité dans ses jugements ; c'était l'homme des entraînements instantanés. Ce qu'il adorait un jour, une impression nouvelle et subite le lui faisait brûler le lendemain. On remarque d'ailleurs la même chose dans son œuvre musicale : il changeait de style à chacun de ses opéras. En outre, ses sympathies ou ses antipathies individuelles pesaient trop sur ses jugements. La conséquence de cette versatilité combinée avec un vrai talent, c'est qu'il était toujours lu avec un grand plaisir, mais que cette lecture laissait peu de traces dans l'esprit du lecteur.

A l'heure qu'il est, notre critique n'est pas dans un état brillant, et elle commence à perdre ces traits caractéristiques dont il a été question plus haut. Elle devient pâle, incolore. Elle est entre les mains d'écrivains de peu de talent et de peu de savoir, assez portés à soutenir et à encenser ce qui est à leur niveau, ce qui est médiocre. Ce sont, pour la plupart, des compositeurs manqués, très aigris contre les talents qui leur portent ombrage. Parmi eux, il faut assigner une place particulière à M. Laroche. Dans ses critiques, de même que dans les écrits de Séroff, il n'y a pas de convictions stables, et la personnalité y joue un rôle considérable; toutefois, M. Laroche écrit avec élégance et esprit, ce qu'on ne peut pas toujours dire de ses confrères.

***

Nos musiciens se divisent en une multitude de fractions, dont chacune mène une vie à part. Il y a les cercles du Conservatoire, de l'Opéra, de la nouvelle école russe, des critiques musicaux, etc. Tous ces groupes se connaissent peu les uns les autres, se fréquentent peu, leur vie musicale n'a presque rien de commun, et leurs relations mutuelles ont un caractère plutôt hostile qu'amical. L'amour-propre est sans limites. Chacun de ces groupes se croit le groupe dominant et voudrait tenir les autres sous sa dépendance. Je ne crois pas me tromper en affirmant que la nouvelle école russe, dans ses relations avec ses adversaires, montre bien plus de justice et d'impartialité. Et le fait n'a rien que de très naturel : c'est là que sont réunis nos talents les plus remarquables, et il n'est pas difficile au fort de rendre justice au faible.

Il y a encore une cause du peu de relations qui existent entre nos musiciens. C'est que plusieurs exercent en même temps une autre profession, et ne peuvent consacrer à la musique que les heures peu nombreuses de leur loisir. Ainsi, Borodine est professeur de chimie à l'Ecole de médecine de Saint-Pétersbourg. Ce cumul s'explique facilement : en Russie, je l'ai déjà dit, un compositeur ne peut, dans l'état actuel des choses, vivre du produit de ses compositions.

Chaque groupe, en conséquence, garde son indépendance et son individualité; c'est le bon côté de cet état de choses. Mais, pour le développement de la musique, pour sa propagation, il faudrait la fusion de ces petites chapelles en une grande église; tous les efforts concentrés vers un même but arriveraient à un résultat éminemment désirable.

Le public se divise aussi en plusieurs catégories, qui n'ont presque rien de commun entre elles. Les italianomanes sont les moins avancés en musique. Ils fréquentent l'Opéra italien pendant des dizaines d'années pour écouter non les ouvrages exécutés, mais les *si bémol* des ténors, les roulades des *prime donne*, et surtout pour passer un certain soir de la semaine assis dans un fauteuil ou une loge aux Italiens. Le public de l'Opéra russe est le même qui fréquente les concerts de la Société musicale et de l'École gratuite ; il est bien plus intelligent et aime franchement la musique. Celui des soirées de musique de chambre est tout à fait sérieux et assez nombreux ; c'est la fine fleur de nos connaisseurs.

Malgré ces divisions bien tranchées, le public est moins exclusif que les musiciens. Le nom de l'auteur a moins d'influence sur lui, et il est capable de pardonner à un bon ouvrage sa provenance du camp ennemi. C'est, en général, un fin connaisseur en fait d'exécution, grâce à l'audition fréquente des premiers virtuoses de l'Europe. Il est assez difficile de le conquérir ; mais une fois qu'on lui a plu, l'engouement vient facilement.

La claque permanente, régulièrement organisée, n'existe pas en Russie. Quant à la claque accidentelle, celle des amis, elle est inévitable en certaines occasions, mais c'est une manifestation assez innocente et sans conséquences sérieuses.

***

Tel est, sommairement exposé, l'état de la musique en Russie.

Dans cette notice, on a pu voir que l'école russe a occupé d'emblée une place honorable grâce au génie de ses fondateurs Glinka et Dargomijsky ; que le goût de la musique se répand rapidement en Russie ; que la Russie possède, à l'heure qu'il est, plusieurs compositeurs d'un grand talent, mais professant des opinions diverses sur les questions d'art ; qu'entre ces opinions il y a souvent conflit, et que des courants en sens contraires ont conduit parfois les musiciens de tous les camps à quelques exagérations ; que le progrès musical et les idées nouvelles ont influé sur tous les compositeurs russes sans exception.

Et le jour semble proche où l'on conviendra que c'est en Russie que le progrès musical a trouvé ses représentants les plus hardis, les plus avancés ; que leurs efforts ne sont pas restés sans résultats ; qu'ils ont été assez heureux pour introduire dans l'art des éléments nouveaux et pour ajouter quelques joyaux aux trésors inépuisables des pures jouissances artistiques.

APPENDICE

APPENDICE

NOTICE SUR CÉSAR CUI

L'étude qu'on vient de lire sur la musique russe a laissé son auteur dans la pénombre discrète où tout écrivain sincèrement modeste aime à rester. De sa personnalité artistique, M. César Cui n'a fait connaître que le côté critique et doctrinal. Les tendances de son esprit avide de progrès sont exposées à chaque page; mais le compositeur s'est tenu volontairement à l'écart : à peine a-t-on appris, en passant, le titre de ses deux principaux ouvrages.

C'est à nous, à la sollicitation de qui ce travail a été entrepris, qu'il appartient de dire ce que M. Cui a tu, et ce qu'il n'aurait dit, en tout cas, qu'incomplètement; à nous de rendre, — c'est ici ou jamais le cas de le dire, — à César ce qui lui revient. Notre notice sera succincte comme les diverses parties de l'étude qui précède; mais nous tâcherons de ne rien négliger d'essentiel, et de donner, en quelques pages, une caractéristique suffisamment exacte de ce musicien de grand talent.

***

César Cui est né à Vilna en 1835, d'un père français, débris de la « grande armée », qu'une blessure obligea de rester dans le pays, et d'une mère lithuanienne. Après d'excellentes études littéraires au Gymnase de Vilna, se destinant à la carrière militaire, il entra à l'Ecole et à l'Académie du génie, à Saint-Pétersbourg. Il a fait marcher de front toute sa vie les travaux de la guerre et ceux de la musique. Mais, comme il nous l'a dit lui-même dans un des derniers chapitres, la composition musicale ne nourrit pas son homme en Russie (ni ailleurs non plus, ajouterons-nous); et, tandis que Borodine est professeur de chimie à l'Ecole de médecine, César Cui est colonel du génie, professeur de fortification aux Académies militaires du Génie et de l'Artillerie à Saint-Pétersbourg. Il a publié un *Précis de l'histoire de la fortification permanente*, un *Manuel de fortification volante*, et plusieurs brochures traitant de sujets analogues.

Il doit le commencement de son instruction musicale à Moniuszko, un compositeur dont la Pologne s'honore à juste titre, l'auteur de l'opéra *Halka* et de mélodies fort remarquables qui ne sont point inconnues en France. Mais Cui ne reçut les leçons de ce maître que pendant six mois; son développement musical ultérieur est dû à son intimité avec Balakireff, et aux efforts communs du petit groupe que tous deux fondèrent en 1866, la nouvelle école lyrique russe.

César Cui a tenu aussi la plume du critique. Pendant treize ans, de 1864 à 1877, il rédigea le feuilleton musical du *Journal* (russe) *de Saint-Pétersbourg*. Nature droite et intransigeante, ne reculant jamais devant la lutte, maniant d'ailleurs le sarcasme avec une redoutable aisance, il se fit beaucoup lire et beaucoup craindre; aussi gagna-t-il plus d'ennemis que d'amis, en soutenant, seul contre tous, la cause qu'il avait épousée, et en malmenant les critiques et les musiciens de l'autre camp, avec une rudesse toute moscovite, dont on a eu quelques échantillons dans l'étude sur la musique russe (1); et certainement ces inimitiés ne sont pas restées sans influence sur la réussite de ses ouvrages.

César Cui n'a pas débuté dans la carrière du compositeur, cela se conçoit, avec les idées avancées qui sont aujourd'hui les siennes et celles de la nouvelle école russe. Ses deux premiers ouvrages dramatiques sont *le Prisonnier du Caucase*, opéra en deux actes, texte d'après Pouchkine, et *le Fils du Mandarin*, opéra comique en un acte; il n'y attache plus beaucoup d'importance aujourd'hui. En effet, ce que nous en connaissons s'éloigne considérablement du style des deux opéras ultérieurs, *William Ratcliff* et *Angelo*. C'est une première manière, où le compositeur n'a pas encore trouvé sa personnalité.

Du *Prisonnier du Caucase*, nous n'avons pu lire que l'ouverture, soigneusement faite, travaillée avec art, mais dont l'intérêt gagnerait sans aucun doute à la connaissance de l'ouvrage entier et spécialement des morceaux dont elle a dû utiliser les thèmes; et des danses orientales, pleines de charme, d'originalité et de verve. Ce sont, croyons-nous, les seules parties publiées de l'ouvrage.

Le Fils du Mandarin a été gravé en partition de chant et piano, texte russe. Ce petit opéra comique est bâti sur le patron usuel, avec airs, duos, trios, etc., mais sans morceaux à roulades ni concessions à la virtuosité, que César Cui n'a jamais aimée pour elle-même, — ce dont il faut le louer très fort. La mélodie est parfaitement vocale, l'harmonie en général élégante, toujours naturelle, souvent même timide par compa-

---

(1) Nous voudrions faire, à ce propos, nos réserves sur la sévérité dont Rubinstein a été l'objet.

raison avec ce qu'elle deviendra plus tard sous la plume émancipée du compositeur. Le comique de l'ouvrage est tempéré; on peut, à la rigueur, trouver qu'il n'est pas assez accentué. C'est, en somme, une œuvre de peu de prétention, marchant d'un pas alerte, et renfermant quelques excellentes pages, comme la plupart des ensembles, comme l'air de Yédi (fille de l'aubergiste chez qui s'arrête le mandarin en quête de son fils), repris plus tard par Mouri (l'amoureux de la jeune fille, garçon d'auberge et fils ignoré du mandarin); et aussi un petit nombre de parties inférieures, comme la romance à couplets de l'aubergiste. Le grand tort du *Fils du Mandarin*, c'est son libretto, plus enfantin que nature.

William Ratcliff inaugure une période nouvelle. Nous sommes en 1868; le compositeur a beaucoup médité, beaucoup appris; rompant avec les anciens errements, il s'est formé une autre esthétique, a mis au creuset la forme du récitatif mélodique, développé son sens harmonique. Malgré un peu de « schumannisme, » c'est là que nous trouvons sa personnalité, au point de vue purement musical, le mieux dégagée et le mieux assise.

Le sujet de *William Ratcliff* est celui d'une tragédie de Henri Heine, dont le texte allemand a pu être conservé presque intégralement par le compositeur, en même temps que sa musique s'adaptait à une traduction russe, faite par M. Plechtchéieff. En voici le résumé.

Marie Mac-Gregor, fille d'un laird écossais, est sur le point d'épouser le jeune Douglas. C'est son troisième fiancé: les deux premiers ont été tués en combat singulier par William Ratcliff, qui l'avait aimée avant eux et avait été d'abord payé de retour, puis brusquement dédaigné, sans motif suffisant. Altéré de vengeance, quoique toujours épris, Ratcliff a juré que Marie ne serait jamais à un autre, et son ressentiment s'est acharné sur les fiancés qu'acceptait la jeune fille. Il défie Douglas comme les précédents; mais, cette fois, il est vaincu et blessé. Plein de honte et de douleur, il pénètre dans le château pour dire un dernier adieu à Marie. A sa vue, celle-ci retrouve pour un instant ses sentiments d'autrefois, et panse sa blessure. Tout à coup Ratcliff entend chanter la « chanson du sang », qui fut autrefois cause de la mort de son père ; ses regards se troublent ; au nom de Douglas que Marie prononce, il se rappelle qu'elle va le quitter pour épouser son rival, se jette sur elle et la tue. Mac-Gregor, le père, accourt au bruit, le fer à la main ; Ratcliff a bientôt envoyé son cadavre rejoindre celui de sa fille. Puis le meurtrier se fait justice en se passant son épée au travers du corps. Douglas reste seul debout au milieu de ce carnage.

Cette sombre histoire, à la Walter Scott, comporte quelques éléments fantastiques : hallucinations, fantômes, qui ne sont qu'épisodiques et n'ont point d'importance dans l'action. Elle a séduit le musicien par la vigueur des situations et l'intensité du sentiment dramatique, par la mâle beauté et l'énergie du langage : c'est encore ce qui guidera son choix quand il s'agira *d'Angelo*. Le libretto de *William Ratcliff* a pourtant deux défauts : l'un, fort grave, est le peu d'intérêt qu'inspire l'héroïne, au cœur trop facilement changeant ; l'autre réside dans certaines parties de la coupe même du drame, qui n'était point destiné, dans sa forme première, à être mis en musique. Ainsi, il y a jusqu'à quatre récits d'aventures ou d'anciennes histoires dans les trois actes. Si ces morceaux, dont trois sont forts longs, peuvent s'admettre à la rigueur dans une tragédie, ils alourdissent singulièrement la marche d'un opéra. Maintenant, nous ne sommes pas bien sûr que le musicien n'ait pas vu là précisément un avantage, et l'occasion toute naturelle de mettre dans son meilleur jour le récitatif mélodique, cette cheville ouvrière du drame lyrique tel qu'il le conçoit. Le fait est que, avec les anciens récitatifs, *secco* ou autres, ces quatre narrations eussent été parfaitement insupportables.

Le premier acte débute par un chœur des hôtes de Mac-

Gregor, morceau énergique et de grand style, comme il convient à de nobles montagnards. Après la bénédiction du père aux fiancés, apparaît pour la première fois la chanson qui jouera un rôle important dans les péripéties du drame : « Pourquoi ton épée est-elle teinte de sang, Edward? » Cette mélodie est confiée d'abord à l'orchestre et non au chant, ce qui est certainement une faute, étant donnés les principes qui servent de guide à l'auteur. A travers les deux grands récits de Douglas à Marie et de Mac-Gregor à Douglas, passe un dessin très caractéristique, modifié légèrement parfois, et qui rappelle, mais de loin, le thème du *Roi des Aulnes* de Schubert : il est d'ailleurs parfaitement en situation, et s'harmonise on ne peut mieux avec l'allure quasi-légendaire du texte. Entre les deux morceaux se place une mélodie orchestrale, qui nous paraît être d'un chant populaire écossais, et qui se retrouve au début du deuxième tableau du premier acte : nous n'avons pas reconnu d'autre emprunt direct à la musique nationale des Highlands. Un charmant petit chœur en *si* majeur, dans lequel les compagnes de Marie Mac-Gregor la félicitent et lui expriment leurs vœux, est encore à mentionner.

Le second acte, le plus important de l'opéra, est magistralement conduit, et les détails n'en sont pas moins remarquables que la charpente. Nous y signalerons : le chœur dansé des voleurs dans la taverne, musique à l'emporte-pièce, scène très vivante, très vraie, foncièrement populaire : la chanson à boire de Lesley (l'ami et le bras droit de Ratcliff), morceau excellent, d'une mélodie franche, facile sans vulgarité, dont quelques lambeaux, adroitement placés, souligneront bientôt l'assoupissement des bandits ; enfin la grande et vigoureuse scène du duel de Ratcliff et de Douglas, au site désolé de la Pierre-Noire, scène dont l'appareil rappelle inévitablement celui de la Gorge-aux-Loups du *Freyschütz*, sans que le compositeur ait emprunté quoi que ce soit à Weber. A travers le voile d'une réduction au piano, elle nous paraît devoir être d'un très grand effet au théâtre.

Le morceau symphonique par lequel s'ouvre le troisième acte est d'une ampleur et d'une poésie beethovéniennes : c'est une vraie page de maître. Cet acte est court, et nous n'avons guère à y noter que la scène brûlante de passion entre Ratcliff et Marie, et la fin originale de l'opéra qui s'éteint *pianissimo*, sur la déploration résignée du chœur.

La composition des quatre actes d'*Angelo* a occupé César Cui de 1871 à 1875. Entre *William Ratcliff* et cette période, beaucoup de chemin a été parcouru. Nous retrouvons dans le nouvel ouvrage les qualités maîtresses de l'ancien, la déclamation serrée, la recherche incessante de la vérité dramatique, l'importance donnée partout à la partie chantante; mais, du côté musical pur, *Angelo* est allé beaucoup plus loin que son aîné. La mélodie a des contours plus accidentés, l'harmonie est plus colorée, hardie souvent jusqu'au défi, jusqu'à la violation préméditée non pas seulement de certaines règles élémentaires de l'école, mais de ce qu'on est habitué à regarder comme la pierre angulaire du système classique, les relations tonales : fait que suffit à expliquer l'habitude des harmonisations orientales, si chères, et à bon droit, aux musiciens russes. Dans *Angelo* encore, les mesures et les rythmes sont plus facilement changeants, plus radicalement asservis aux besoins de la prosodie et aux convenances de la phrase musicale. En un mot, il y est fait une dépense énorme de talent et de travail, sous l'influence de la tension d'esprit excessive que produit une aspiration impérieuse et jamais satisfaite vers le progrès.

Nous n'avons certainement pas besoin de rappeler ici le sujet d'*Angelo :* le drame de Victor Hugo est présent à la mémoire de tous les lecteurs français. Il a été suivi pas à pas par l'auteur du libretto russe, M. V. Bourénine.

Pas plus que celui de Heine, ce drame n'était écrit en vue

de la musique ; il contient un peu moins que *William Ratcliff* de ce qu'on peut appeler des *morceaux* proprement dits, à formes et à dénominations fixes.

Le début du premier acte ne nous paraît pas à la hauteur du reste : c'est un chœur de fête, en partie dialogué, qui n'offre pas tout l'intérêt que César Cui sait ordinairement mettre dans ses ensembles. La scène suivante, entre l'astrologue et les masques, est bien menée, mais sa longueur fatigue: ce que la rapidité du débit sauve dans un drame, peut aller jusqu'à accabler l'auditeur dans un opéra. Une barcarolle pleine de poésie, et la scène où Tisbé raconte sa vie à Angelo, méritent une élogieuse mention.

Au second acte, nous trouvons : deux chœurs de femmes, l'un comique, l'autre sentimental, ce dernier ravissant de rythme et d'harmonie; la romance de Rodolfo, morceau gracieux avec ses harmonies insolites, écrit sur le texte de Victor Hugo : « Mon âme à ton cœur s'est donnée », et parodié exactement sur les deux textes, russe et allemand, du libretto ; le duo passionné de Rodolfo et de Catarina. Au troisième acte, sont à citer : le chœur-nocturne d'introduction, plein d'un charme rêveur; un chœur-tarentelle, avec des harmonies empruntées aux modes du plain-chant et des successions d'une hardiesse inouïe; les scènes des conjurés, vigoureusement conduites, et la prière qu'ils adressent au ciel pour la réussite de leurs projets, page d'un style archaïque, d'une noble simplicité, et qui doit produire une grande impression. Au quatrième acte enfin, les angoisses de Catarina, en face de la mort que le dévouement de Tisbé lui évitera, le sacrifice sublime de la pauvre courtisane, la lutte atroce qu'elle soutient contre elle-même en provoquant par un héroïque mensonge la colère de celui qu'elle adore, afin de recevoir de lui le coup mortel et d'assurer le bonheur de sa rivale,—tout cela est rendu de main de maître, par un musicien qui excelle à parler le langage de la passion. Ce quatrième acte entier est d'une réelle beauté ; la situation, sans doute, est poignante par elle-même, mais il fallait n'y point rester inférieur, et c'est là un mérite de premier ordre que César Cui peut revendiquer.

Pour résumer notre opinion sur les deux œuvres que nous venons d'analyser au vol, nous dirons qu'*Angelo* a peut-être plus de puissance dramatique que *William Ratcliff*, mais qu'au point de vue musical, il nous semble avoir été porté au delà du but par un élan trop généreux. C'est en deçà, et plus près du premier opéra que du second, que César Cui doit trouver, à notre avis, le meilleur emploi de ses remarquables facultés.

***

L'objectif le plus conforme au tempérament de notre compositeur est certainement la musique dramatique ; cependant, des travaux de moindre importance l'occupent aussi de temps à autre. Il a écrit cinquante et quelques mélodies vocales, plusieurs chœurs, pièces symphoniques, morceaux pour piano, une petite suite pour piano et violon, etc.

Il y a, dans ces œuvres de modestes proportions, une souplesse de talent et une variété de style qu'on ne serait pas porté à supposer chez un artiste aussi inébranlable dans ses convictions esthétiques, aussi intraitable sur le chapitre des doctrines. Plusieurs des mélodies de César Cui, et des plus charmantes, sont écrites sur des paroles françaises de Victor Hugo, d'Alfred de Musset, ou sur des paroles italiennes ; il se modifie alors sans se transformer complètement, et on voit qu'il s'est efforcé de sentir comme aux pays dont sa musique va parler momentanément la langue.

Il sait aussi oublier les harmonies à haute pression d'*Angelo*, et faire simple tout comme un autre : l'agréable et ingénieuse suite pour piano et violon, dédiée au grand-duc Paul-Alexandrovitch et publiée récemment, en est la preuve. Rappelons enfin, pour le montrer sous un autre jour encore, la part qu'il a eue dans la composition d'un curieux recueil de *Paraphrases* pour le piano à trois mains, suite de variations et de petites pièces de tout genre, écrites sur un thème obligé, et qui est un des plus étonnants tours de force contrapuntiques qui existent.

***

Nous n'en dirons pas davantage actuellement. César Cui, aussi bien que la plupart des musiciens qu'il a présentés au public français, mériterait sans doute une étude plus détaillée; mais il s'agissait, avant tout, d'attirer l'attention sur ces artistes russes, si vaillants, si ardents au progrès, et si ignorés en Europe. Ces préliminaires de la tâche qui incombe à la critique sont clos par la présente notice, qui ne prétendait pas à plus d'espace que les précédentes. A l'avenir de parfaire ce qui n'a été qu'ébauché ici; les musiciens russes y gagneront non seulement d'être mieux et plus universellement connus, mais encore, on peut l'espérer, de vivifier leur talent par un contact plus fréquent avec les autres peuples, et de l'épurer de certaines aspérités qui doivent être mises surtout au compte de leur isolement.

C. B.

TABLE

I.

MUSIQUE VOCALE.

II.

MUSIQUE INSTRUMENTALE.

III.

MOYENS D'EXÉCUTION.

IV.

APPENDICE.

IMPRIMERIE CENTRALE DES CHEMINS DE FER. — A. CHAIX ET Cie, RUE BERGÈRE, 20, A PARIS,
PRÈS DU BOULEVARD MONTMARTRE. — 15508-0.

Made in United States
North Haven, CT
10 September 2026

18419737R00104